**Metodologia
do desenvolvimento
de projetos em história**

Metodologia
do desenvolvimento
de projetos em história

José Antonio Vasconcelos
Maurício Cardoso

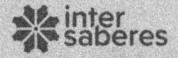

inter
saberes

intersaberes

Rua Clara Vendramin, 58 . Mossunguê . CEP 81200-170 . Curitiba . PR . Brasil
Fone: (41) 2106-4170 . www.intersaberes.com . editora@intersaberes.com

Conselho editorial
Dr. Ivo José Both (presidente)
Dr.ª Elena Godoy
Dr. Neri dos Santos
Dr. Ulf Gregor Baranow
Editora-chefe
Lindsay Azambuja
Supervisora editorial
Ariadne Nunes Wenger
Assistente editorial
Daniela Viroli Pereira Pinto
Preparação de originais
Gilberto Girardello Filho
Edição de texto
Letra & Língua Ltda. – ME
Monique Francis Fagundes Gonçalves

Capa
Luana Machado Amaro (*design*)
Dario Lo Presti, Evgeny Haritonov, Monkey Business Images e Voronin76/ Shutterstock (imagens)
Projeto gráfico
Bruno de Oliveira
Diagramação
Maiane Gabriele de Araujo
Designer responsável
Luana Machado Amaro
Iconografia
Celia Suzuki
Regina Claudia Cruz Prestes

Dados Internacionais de Catalogação na Publicação (CIP)
(Câmara Brasileira do Livro, SP, Brasil)

Vasconcelos, José Antonio
  Metodologia do desenvolvimento de projetos em história/José Antonio Vasconcelos, Maurício Cardoso. Curitiba: InterSaberes, 2021.
  Bibliografia.
  ISBN 978-65-5517-878-4

  1. História – Estudo e ensino 2. História – Metodologia 3. Historiadores 4. Mercado de trabalho I. Cardoso, Maurício. II. Título.

20-50423   CDD-907.2

Índices para catálogo sistemático:
1. História: Metodologia 907.2
Cibele Maria Dias – Bibliotecária – CRB-8/9427

1ª edição, 2021.
Foi feito o depósito legal.
Informamos que é de inteira responsabilidade dos autores a emissão de conceitos.
Nenhuma parte desta publicação poderá ser reproduzida por qualquer meio ou forma sem a prévia autorização da Editora InterSaberes.
A violação dos direitos autorais é crime estabelecido na Lei n. 9.610/1998 e punido pelo art. 184 do Código Penal.

Sumário

11 *Apresentação*
15 *Como aproveitar ao máximo este livro*

Capítulo 1
19 **Muito além da sala de aula**

(1.1)
21 O profissional de história

(1.2)
24 O que é um projeto de história?

(1.3)
29 Associações profissionais

Capítulo 2
43 **Documentação, museus e patrimônio**

(2.1)
45 O historiador nos arquivos

(2.2)
50 O historiador nos museus

(2.3)
63 O historiador e a preservação do patrimônio cultural brasileiro

Capítulo 3
77 **Divulgação do conhecimento histórico**

(3.1)
79 Desafios do mercado de trabalho

(3.2)
82 Atividades de consultoria

(3.3)
85 O historiador em editoras

(3.4)
92 O historiador e o audiovisual

Capítulo 4
109 **Estrutura de um projeto de história**

(4.1)
111 Projeto de pesquisa em história

(4.2)
131 Projeto de prestação de serviços

Capítulo 5
155 **Projetos de história e financiamento público**

(5.1)
158 O que é pós-graduação?

(5.2)
161 Ingresso em programas de mestrado e doutorado

(5.3)
164 Linhas de financiamento público para pesquisa

(5.4)
167 Agências federais e estaduais de apoio à pesquisa

Capítulo 6
187 **História, mercado e captação de recursos**

(6.1)
190 História e mercado

(6.2)
194 História pública

(6.3)
198 História empresarial

(6.4)
202 Captação de recursos

221 *Considerações finais*
223 *Lista de siglas*
229 *Glossário*
233 *Referências*
243 *Bibliografia comentada*
247 *Respostas*
255 *Sobre os autores*

Ao Robson Bello, amigo, interlocutor de primeira categoria, leitor generoso e crítico arguto – pero sin perder el buen humor jamás –, *nosso muito obrigado!*

Apresentação

Todos os anos, geralmente em agosto, a Universidade de São Paulo (USP), a maior universidade pública do país, promove um evento aberto a alunos de ensino médio, visando apresentar-lhes os cursos de graduação disponíveis e as respectivas carreiras profissionais. No caso específico de História, os monitores – estudantes do terceiro ou quarto ano – têm de estar preparados para uma pergunta muito frequente dos secundaristas: *Se eu não quiser ser professor, o que mais posso fazer com o curso de História?* Trata-se de uma pergunta embaraçosa, não porque a resposta seja negativa, mas, pelo contrário, porque se trata de um campo demasiadamente amplo e complexo. É uma questão que importa não só a quem tem interesse em fazer um curso de História, mas também a quem cursa ou já cursou a graduação nessa área.

O campo é amplo porque o historiador pode atuar em múltiplas frentes, de modo que fica difícil definir com precisão que tipo de atividade o profissional bacharel em História desempenhará. Museus, arquivos, editoras, produtoras de conteúdo audiovisual e órgãos públicos de preservação do patrimônio são alguns dos muitos espaços nos quais, com frequência, nos deparamos com profissionais com formação acadêmica em História.

Imagine um desses espaços, o museu, por exemplo. Se pensarmos que o museu é um lugar onde se guardam objetos antigos, como o Museu Paulista, em São Paulo, ou o Museu do Expedicionário, em Curitiba, torna-se bastante evidente que profissionais com formação em História constituam uma categoria com maior afinidade, em comparação com outras áreas, como contabilidade, farmácia ou serviço social. Mas o fato é que nem todo museu é de história. Há museus de arte e de ciências, entre outros, e podemos pensar que o historiador não deva atuar neles. Só que não é bem assim.

Tomemos como exemplo o Museu de História Natural Casa Dom Aquino, localizado em Cuiabá. Seu acervo é composto principalmente por fósseis, organizados de acordo com as eras geológicas, e parece que os profissionais mais adequados para atuar nesse espaço sejam os biólogos e geólogos. Nesse mesmo museu, porém, há artefatos produzidos pelo ser humano desde a época pré-colombiana até os dias atuais, o que demanda um olhar histórico e historiográfico. E mais: o museu localiza-se em um prédio construído em 1842 e que remete a um contexto importante do passado para a região em que se situa. Novamente, como você pode perceber, o olhar histórico e historiográfico é relevante.

Por meio desse exemplo, já podemos ter noção de que a atuação do historiador nesses diferentes espaços é necessária, mas nem sempre óbvia, o que torna a empregabilidade do historiador uma questão bastante complexa. Como esses espaços de atuação do historiador apresentam um caráter interdisciplinar, o profissional deve demonstrar preparo e competência para se colocar na dianteira em relação a profissionais de outras áreas. Isso ele consegue, entre outros fatores, por meio da formação e experiência. Anos de atuação em determinada área e uma pós-graduação fazem muita diferença. Mas há outro fator, tão importante quanto esses ou até mais: a proatividade.

O profissional competente deve, sim, saber cumprir as tarefas que lhe são atribuídas, mas isso não é suficiente em um mercado de trabalho amplo e ao mesmo tempo difuso, como é o do historiador. É preciso também saber identificar oportunidades de avanço e propor ações inovadoras. É aí que entra em cena a metodologia de projetos.

Cada vez mais presente na área da administração, o trabalho por meio da metodologia de projetos estende-se para outros campos de atuação, como a educação e a saúde, e também para as mais diversas frentes de trabalho do historiador. Embora tenha um sólido respaldo teórico, a administração é essencialmente voltada para a prática. Nesse sentido, o entrecruzamento de conhecimentos e práticas da área administrativa, tanto pública quanto privada, associado a uma reflexão sobre as diferentes possibilidades de atuação profissional do historiador, pode e deve trazer um diferencial importante na carreira desse profissional. É com base nesse pressuposto que escrevemos este livro.

Organizamos a obra em seis capítulos. No primeiro, desenvolvemos algumas reflexões introdutórias sobre as possibilidades de atuação profissional do historiador e a importância das associações de história, para que você possa se manter atualizado, descobrir novas possibilidades e avançar na carreira. No segundo e no terceiro capítulos, apresentamos alguns dos espaços ou atividades mais comuns para a atuação profissional do historiador que não a educação básica: arquivos, museus, patrimônio público, consultoria, editoras e produção audiovisual. Dedicamos o quarto capítulo a uma explicação pormenorizada da estrutura de um projeto de história, a partir de dois roteiros: um de pesquisa e outro de prestação de serviços, modelos que podem ser facilmente adaptados a situações particulares. Nos dois capítulos finais, abordamos a questão do financiamento para a implementação de projetos. Como as possibilidades são variadas, reunimos alguns temas correlatos ao desenvolvimento de projetos, como o ingresso em programas de pós-graduação e áreas mercadologicamente interessantes, a exemplo da história pública e da história empresarial.

Em resumo, procuramos apresentar de forma orgânica uma visão acerca das perspectivas profissionais do historiador com formação acadêmica e, ao mesmo tempo, articular essa visão com o instrumental teórico relativo à elaboração de projetos. Acreditamos que esses elementos são fundamentais para uma atuação eficiente e eficaz no fascinante campo da história.

Como aproveitar ao máximo este livro

Este livro traz alguns recursos que visam enriquecer o seu aprendizado, facilitar a compreensão dos conteúdos e tornar a leitura mais dinâmica. São ferramentas projetadas de acordo com a natureza dos temas que vamos examinar. Veja a seguir como esses recursos se encontram distribuídos no decorrer desta obra.

Introdução do capítulo

Logo na abertura do capítulo, informamos os temas de estudo e os objetivos de aprendizagem que serão nele abrangidos, fazendo considerações preliminares sobre as temáticas em foco.

Síntese

Ao final de cada capítulo, relacionamos as principais informações nele abordadas a fim de que você avalie as conclusões a que chegou, confirmando-as ou redefinindo-as.

Atividades de autoavaliação

Apresentamos estas questões objetivas para que você verifique o grau de assimilação dos conceitos examinados, motivando-se a progredir em seus estudos.

Atividades de aprendizagem

Aqui apresentamos questões que aproximam conhecimentos teóricos e práticos a fim de que você analise criticamente determinado assunto.

Bibliografia comentada

Nesta seção, comentamos algumas obras de referência para o estudo dos temas examinados ao longo do livro.

Indicações culturais

Para ampliar seu repertório, indicamos conteúdos de diferentes naturezas que ensejam a reflexão sobre os assuntos estudados e contribuem para seu processo de aprendizagem.

Capítulo 1
Muito além
da sala de aula

Se você decidiu cursar uma graduação em História, é bem provável que muitos de seus conhecidos imaginem que você pretende se tornar professor. Talvez a carreira docente já tenha lhe passado pela mente, ou pode ser até que ainda esteja entre suas possíveis opções de atividade profissional. Isso se deve ao fato de que o magistério na educação básica é o campo de atuação que mais emprega os egressos dos cursos superiores de História. É em razão disso que a maioria dos cursos de graduação no Brasil oferece a licenciatura, modalidade que capacita e habilita professores para atuar nos ensinos fundamental e médio.

Seria um equívoco, porém, imaginar que o campo de trabalho dos profissionais graduados em História se limita à sala de aula. Há uma série de atividades que demandam o trabalho do profissional dessa área. E, de fato, as possibilidades são numerosas, mas podemos agrupá-las em três grandes categorias: pesquisa; organização e conservação de acervos; consultoria. Ainda, existem outras áreas para as quais o perfil do historiador, ainda que não exclusivo, é bastante recomendado, como autoria e editoração de livros de História e curadoria de eventos que envolvam o conhecimento histórico. A capacitação nesses diferentes campos de atuação pode ser obtida por meio da formação superior na área, e é por isso que o bacharel em História se destaca por apresentar o perfil mais adequado ao exercício dessas profissões.

(1.1)
O PROFISSIONAL DE HISTÓRIA

O interesse do historiador pelo estudo das sociedades do passado é partilhado com profissionais de outras áreas, como arqueologia, demografia histórica, estudos de folclore etc. Mas o que diferencia o trabalho do historiador dos demais é o conjunto específico de habilidades que fazem parte de sua formação acadêmica, algo que, de modo geral, podemos chamar de **método histórico**. O curador de um museu, por exemplo, não se interessa somente em saber em que consiste um objeto de uma exposição ou de que material ele é feito, mas também indaga sobre sua procedência, quando, como e por que ele foi feito, quem o utilizava, o que o objeto significava para as pessoas do passado e que transformações ocorreram com seu uso e sua significação com o passar do tempo. Em outras palavras, o curador frequentemente coloca questões na forma de problematizações históricas. Um pesquisador que esteja avaliando a pertinência de que um prédio seja tombado pelo patrimônio público não se limita a perguntar quando a construção ocorreu, mas tem em vista um amplo leque de indagações: Quem construiu o prédio e com quais motivações? Quais eram os objetivos iniciais do prédio e como tais objetivos mudaram ao longo dos anos? O grupo social ou a instituição que usou o prédio, ou ainda o usa, encontrou quais adversidades para mantê-lo? Como essas adversidades foram (ou não) superadas? Qual é a relevância do prédio para a comunidade e como essa relevância se transformou (ou não) desde sua construção até os dias de hoje? Também nesse caso a pesquisa exige que os problemas sejam colocados em uma perspectiva histórica.

Para responder a questões como as recém-apresentadas, o profissional tem de situar seus objetos não somente com relação a um contexto histórico, mas também historiográfico. Histórico porque um objeto ou evento só é compreensível dentro uma cadeia de eventos ou de uma rede de questões específicas de determinada época e lugar. E historiográfico porque é importante saber como outros historiadores problematizaram o mesmo objeto e quais soluções encontraram, que perspectivas teóricas adotaram ou, ainda, que situações análogas estudadas podem lançar luzes sobre novos objetos e novos problemas.

O pesquisador, o organizador de acervos ou o consultor têm de saber como proceder a uma crítica interna e externa das fontes consultadas. Tudo isso faz parte do método histórico e demanda, em virtude disso, a atuação de um profissional com formação em História.

Para que a atuação de um profissional garanta as especificidades do método histórico, as quais nos permitem distinguir o trabalho de um historiador profissional daquele de profissionais de outras áreas, ou mesmo do trabalho de historiadores "amadores", sem formação acadêmica, é necessário que o historiador paute suas atividades por um planejamento cuidadoso. É preciso que o profissional saiba problematizar os objetos com os quais trabalha tendo como referência a dimensão temporal, bem como seja capaz de selecionar e organizar os materiais a serem utilizados a partir de procedimentos próprios da abordagem historiográfica, como a crítica interna e externa das fontes, e saiba relacionar o desenvolvimento de seu trabalho às principais tendências historiográficas. Em outras palavras, o profissional de história deve estar apto a elaborar **projetos** de trabalho que contemplem as características próprias do trabalho historiográfico.

É importante ter em mente que, no que tange à elaboração de projetos, dificilmente podemos partir de receitas prontas. Um projeto voltado à pesquisa terá, necessariamente, um propósito e uma estrutura diferentes do que seria de se esperar de um projeto de curadoria ou de restauração de patrimônio público, por exemplo. E mesmo que o objetivo do projeto seja uma proposta de pesquisa específica, este pode ser estruturado de maneiras diferentes, dependendo de fatores como o tipo de pesquisa a ser desenvolvida ou a instituição à qual o projeto é apresentado, entre outras. Feita essa ressalva, procuraremos apresentar uma definição ampla de projeto e, a partir dela, explorar o que seria próprio de um projeto de história, procurando exemplificar como adaptar essa definição a diferentes propósitos ou a setores de atuação diversos.

(1.2)
O QUE É UM PROJETO DE HISTÓRIA?

De acordo com o *Dicionário escolar da Academia Brasileira de Letras*, *projeto* é um "plano para se fazer algo em um futuro próximo ou remoto", o "esboço minucioso de uma obra", ou "tudo aquilo que se deseja fazer dentro de um plano estabelecido" (Bechara, 2011, p. 1.035). Trata-se, como podemos perceber, de uma definição bastante ampla, que poderia ser aplicada não só a um projeto de pesquisa, de organização de acervos ou de consultoria, mas também às mais diversas ações, como a construção de um viaduto, uma campanha de preservação ambiental ou, até mesmo, uma viagem de férias. De qualquer modo, por mais vaga que pareça ser, essa definição destaca aspectos importantes que valem para qualquer projeto. Em primeiro lugar, trata-se de um planejamento feito no presente visando a um resultado no futuro. O projeto, portanto, distingue-se das estratégias que objetivam uma ação imediata. Em segundo lugar, o projeto tem o caráter de esboço, ou seja, é algo que se apresenta de modo provisório, no sentido de que pode sofrer alterações no decorrer de seu desenvolvimento. Um historiador pesquisando em arquivos, por exemplo, pode encontrar evidências que invalidem sua hipótese original, ou pode encontrar material cuja importância leve a uma ampliação ou a um redirecionamento da pesquisa. O projeto, em terceiro lugar, deve ser minucioso e contemplar tudo aquilo que se deseja saber. Portanto, sem comprometer a brevidade e a possibilidade de readequações futuras, o projeto deve ser completo, isto é, não pode apresentar lacunas. Nesse sentido, um projeto é mais do que uma mera carta de intenções. Imagine, por exemplo, um projeto de exposição de um acervo particular que não preveja o local de realização ou a fonte de financiamento! Tudo o que for indispensável precisa ser pensado de antemão.

Avançando ainda mais sobre uma definição geral de projeto, podemos tomar como base o *Guia do conhecimento em gerenciamento de projetos* (PMBOK), uma publicação do Project Management Institution (PMI), instituição responsável pela certificação de gerenciamento de projetos nos Estados Unidos. Segundo o guia, devemos entender *projeto* como "um empreendimento temporário com objetivo de criar um serviço, produto ou resultado único" (PMI, 2000, p. 4, tradução nossa). Quando afirmamos que o projeto é um empreendimento temporário, isso não significa que a execução de um projeto não possa ser longa. Uma pesquisa de doutorado, em geral, dura quatro ou cinco anos, e um projeto de restauração de documentos antigos pode levar décadas, dependendo da dimensão do acervo. O projeto é temporário porque dispõe de uma previsão para seu início e término, diferentemente de processos ou operações, que têm duração indeterminada. Se uma instituição lhe encomendar uma pesquisa histórica, ela certamente vai esperar que você forneça uma estimativa de quando começará a trabalhar e quanto tempo levará para alcançar um resultado final, não é mesmo?

O projeto deve, ainda, ser único. O que significa isso? Imagine que você fique responsável pela criação de um *site* de divulgação de informações sobre a história de seu município. Se já existir uma página com essa finalidade, você fará outra idêntica? Evidentemente, não. Seu projeto certamente deve levar em consideração o que já existe e propor algo diferente, geralmente mais de acordo com as expectativas da instituição financiadora do projeto. O mesmo ocorre com relação a uma pesquisa acadêmica. Se você ingressar em um programa de mestrado, por exemplo, não precisará apresentar um resultado original, como seria o caso de uma tese de doutorado, contudo tampouco lhe será permitido simplesmente repetir o que outro pesquisador já fez, pois isso, dependendo do caso, poderia ser considerado plágio.

O projeto, de forma geral, pode então ser definido como o planejamento completo e minucioso de um trabalho individual ou coletivo, visando à realização futura de um resultado determinado e seguindo um cronograma preestabelecido. Mas ainda falta especificar o que, em geral, faz de um projeto um projeto propriamente histórico. De um ponto de vista teórico, o projeto remete à história quando faz referência ao tempo, identificando e analisando mudanças e permanências. Mas o que torna o historiador o profissional mais qualificado para a realização de um projeto dessa natureza é a necessária aplicação do método histórico, que faz parte da formação acadêmica dos historiadores. O método histórico é tradicionalmente dividido em duas fases: a **análise**, que trata da seleção, da verificação da autenticidade e da interpretação das fontes; e a **síntese**, etapa subsequente na qual o historiador produz uma representação do objeto histórico a partir do levantamento de informações realizado na análise.

Em um trabalho de pesquisa, por exemplo, o historiador, primeiramente, tem de fazer um levantamento das fontes disponíveis que possam ajudá-lo a elucidar o problema proposto no início da investigação. Considere uma pesquisa que tome como objeto o abastecimento de carne no Paraná em meados do século XX. Onde encontrar informações sobre esse assunto? É provável que existam documentos a esse respeito no Arquivo Público do Paraná, na Junta Comercial do Paraná ou, ainda, no Instituto Paranaense de Desenvolvimento Econômico e Social (Ipardes). Seria indispensável, também, fazer uma consulta a jornais da época. No entanto, muitas vezes, o historiador pode encontrar fontes em lugares menos prováveis. Quem sabe se dentro de um baú, no sótão de alguma casa qualquer, não está um caderno de anotações de um comerciante de carnes que viveu no Paraná naquele período? Esse trabalho de busca de fontes, também chamado de **heurísitica**, é uma fase fundamental do método histórico.

Em seguida, o historiador deverá verificar a validade das fontes que utiliza para corroborar sua argumentação. Se as informações contidas em uma fonte forem falsas ou não acuradas, ou então se o documento não for autêntico, toda a pesquisa feita com base nesse material poderá estar comprometida. Nesse sentido, o historiador deve operar o que se convencionou chamar nos estudos históricos de **crítica das fontes**, que pode ser classificada como externa ou interna. A crítica externa refere-se à verificação da autenticidade da fonte. Por exemplo: se temos em mãos um documento, devemos perguntar quem é de fato seu autor e quando o texto foi realmente produzido. Nesse sentido, se obtivermos uma carta atribuída a Dom Pedro I e datada de 1825, devemos nos certificar de que seu autor realmente é Dom Pedro I e que realmente foi escrita em 1825.

Além da crítica externa, o historiador deve também empreender uma crítica interna das fontes, que se divide em cinco categorias: interpretação, competência, veracidade, rigor e verificação dos testemunhos. A **crítica de interpretação** diz respeito à correta apreensão do conteúdo da fonte histórica. Um texto, por exemplo, pode conter palavras ambíguas, isto é, que apresentam mais de um significado, ou podem trazer palavras cujo significado já caiu em desuso ou se alterou ao longo do tempo. Já a **crítica de competência** verifica se o autor da fonte realmente tem capacidade de avaliar e transmitir os fatos corretamente. A **crítica de veracidade** considera a possibilidade de que o autor da fonte histórica possa estar deliberadamente faltando para com a verdade. Trata-se de um procedimento análogo à **crítica de rigor**, na qual o pesquisador considera a hipótese de que o autor da fonte tenha involuntariamente cometido erros na descrição dos fatos. Finalmente, devemos considerar, ainda, a **crítica de verificação** dos testemunhos, pela qual as informações de uma fonte são comparadas aos dados de fontes correlatas, de modo que, ao serem encontrados desacordos, pode-se colocar em questão a confiabilidade da fonte.

Uma vez realizada a crítica das fontes, tanto a externa quanto a interna, cabe ao historiador, norteado pelo método histórico, desenvolver uma interpretação do material levantado, buscando identificar informações e elementos relevantes para o objeto específico da pesquisa. Em outras palavras, o trabalho do historiador não se limita a levantar materiais e identificar o que é relevante dentro de uma pesquisa historiográfica, mas também saber ler e interpretar adequadamente o material previamente selecionado. Sob essa ótica, podemos dizer que existe uma **hermenêutica histórica**.

Hermenêutica é o nome que se dá à ciência da interpretação, que é importante em várias áreas, como direito e filosofia. No estudo da história, porém, a hermenêutica assume um caráter próprio da produção do conhecimento histórico, que, diferentemente do direito e da filosofia, constrói-se a partir de um trabalho empírico, e não somente especulativo. Entretanto, ao mesmo tempo, o empirismo da história é de um tipo diferente daquele das ciências naturais, pois estas têm como objeto fenômenos recorrentes e objetivos, ao passo que aquela estuda fatos e processos singulares e carregados de subjetividade.

Finalmente, cabe ao historiador desenvolver um trabalho de síntese. De acordo com J. Besselaar (1974, p. 257), "a tarefa do historiador não se restringe a averiguar e registrar os 'fatos materiais' do passado [...]. Fará o possível para descobrir, atrás deles, aspectos não diretamente observáveis da 'realidade humana' e as múltiplas conexões que existem entre eles". Em outras palavras, o historiador deve, ao final de seu trabalho de pesquisa, ser capaz de apresentar os fatos levantados, assim como a interpretação destes, de forma ordenada e inteligível. O formato mais comum é o textual – monografias, livros, artigos etc. –, mas outros meios, como o audiovisual ou a organização de objetos históricos em uma exposição, por exemplo, também representam importantes formas de divulgação dos resultados da pesquisa histórica. O que caracteriza o trabalho do historiador e o diferencia de outros profissionais, portanto, é sua preocupação para com a questão do tempo, envolvendo mudanças e permanências explicadas com a utilização do método histórico, que pressupõe atividades de heurística, crítica das fontes, hermenêutica e síntese histórica.

(1.3)
Associações profissionais

Embora a formação em História e a utilização do método histórico nos mais diversos campos de atuação já seja suficiente para definir o profissional de história e destacá-lo dentre as demais áreas, o reconhecimento social da profissão também se faz mediante a participação em associações profissionais. Por meio delas, o historiador pode manter contato com seus pares, evitando o isolamento e recebendo atualizações a respeito da profissão. As associações são comuns às mais diversas profissões e existem nos mais variados níveis, desde grupos de estudo locais até associações de âmbito nacional ou mesmo internacional, com publicações periódicas e organização de eventos regulares. De qualquer modo, independentemente da abrangência geográfica, do número de membros ou da influência política e social, é certo que tais associações constituem uma dimensão importante na atividade do historiador profissional.

As associações de historiadores, em geral, disponibilizam a seus associados boletins de notícias com informações sobre as tendências recentes na profissão, além de chamadas de artigos, congressos, resenhas, oportunidades de bolsas ou estágios etc. Elas também promovem encontros (geralmente anuais) nos quais os historiadores podem apresentar seus trabalhos, assim como conhecer trabalhos relacionados ao seu tema em simpósios temáticos ou minicursos. É preciso, ainda, mencionar outro aspecto fundamental dessas associações: elas se mantêm em sintonia com as transformações sociais que, direta ou indiretamente, afetam o campo de trabalho dos profissionais de história. Notícias como cortes em bolsas de mestrado e doutorado, expansão ou retração dos programas de pós-graduação em História, restrições sobre o acesso a arquivos de documentos históricos, mudanças na estrutura curricular no ensino de História, entre outras, demandam um posicionamento coletivo dos historiadores que só as associações permitem. Essas instituições também levantam debates sobre comportamento ético na pesquisa histórica, contribuindo, assim, para o estabelecimento de padrões aceitos pela categoria profissional.

A Associação Nacional de História (ANPUH) é a mais importante das associações de profissionais de história no Brasil[1]. Em seus primórdios, seus membros incluíam docentes universitários, como forma de se opor a uma tradição de historiadores autodidatas, ainda muito comum em meados do século XX. Com o passar do tempo, a ANPUH foi incorporando a seus quadros também alunos de graduação e pós-graduação, professores da educação básica, pesquisadores de

---

1 *O nome original, quando de sua criação, em 1961, era Associação Nacional dos Professores Universitários de História. O nome mudou em 1993, já que a associação congrega muitos profissionais que não são professores universitários, mas a sigla permaneceu a mesma.*

instituições não universitárias, arquivistas, museólogos, produtores culturais etc. A ANPUH mantém a *Revista Brasileira de História*, um dos mais bem avaliados periódicos acadêmicos de história no Brasil, e realiza bienalmente o Simpósio Nacional de História, o mais importante evento de história da América Latina. Nos anos de intervalo entre um simpósio e o seguinte, são realizados encontros das seções estaduais da ANPUH.

Outra importante associação para os historiadores é o Instituto Histórico e Geográfico Brasileiro (IHGB). O escopo do IHGB é mais amplo que o de associações específicas de história, como a ANPUH, pois reúne não só historiadores, mas também geógrafos, sociólogos e pesquisadores afins. A relevância desse órgão para a historiografia é inestimável, seja pelo fato de ser a mais antiga associação voltada aos estudos históricos, tendo sido fundada em 1838, seja pelas contribuições notáveis de alguns de seus membros, ou, ainda, pela infraestrutura que apresenta atualmente, com biblioteca, mapoteca, museu e um arquivo que reúne mais de 160 mil documentos em sua sede, localizada no Rio de Janeiro. Isso que não mencionamos algumas de suas publicações importantes, como a revista do IHGB. O instituto mantém relações com instituições congêneres nas esferas estadual ou municipal, como o Instituto Histórico e Geográfico do Paraná (IHGPR), o Instituto Arqueológico Histórico e Geográfico Pernambucano (IAHGP), o Instituto Histórico de Petrópolis (IHP) e o Instituto Histórico e Geográfico Itaborahyense (IHGI), entre muitos outros.

Além das associações de história em âmbito nacional ou regional, há aquelas voltadas a áreas mais específicas, como a Associação Brasileira de História Oral (ABHO), a Associação Brasileira de História das Religiões (ABHR), a Associação Brasileira de Pesquisadores em História Econômica (ABPHE), a Associação Brasileira de Estudos

Medievais (Abrem), a Associação Nacional de Pesquisadores e Professores de História das Américas (ANPHLAC), a Sociedade Brasileira de Estudos Clássicos (SBEC), entre outras. É válido mencionar, ainda, as associações internacionais, como a Associação Alemã de Pesquisa sobre a América Latina (ADLAF), a American Historical Association (AHA), a Brazilian Studies Association (Brasa), ou a Latin American Studies Association (Lasa).

Uma das principais conquistas políticas das associações de historiadores, e particularmente da ANPUH, foi a regulamentação da profissão de historiador. A promulgação da Lei n. 14.038, ocorrida em 17 de agosto de 2020, responde a um anseio antigo dos profissionais de história, uma vez que órgãos públicos só poderiam abrir concurso para historiadores se a profissão fosse devidamente regulamentada. Desse modo, muitos arquivos, bibliotecas e museus, por exemplo, precisavam recorrer a arranjos e improvisações para a contratação de profissionais de história. A lei também reforça a necessidade de formação específica na área de história para o magistério dessa disciplina na educação básica. Embora a tramitação do projeto tivesse suscitado o receio de que a lei implicaria corporativismo, excluindo da profissão profissionais de história com graduação em outras áreas, o texto aprovado é bastante aberto, incluindo na categoria de historiador os profissionais com mestrado ou doutorado em História, além de graduados em áreas afins que tenham exercido a profissão de historiador por cinco anos ou mais (Brasil, 2020a).

Para que se mantenham financeiramente, as associações de profissionais costumam cobrar anuidades de seus membros, além de taxas para participação em eventos. Ainda que contem com esse suporte financeiro, muitas atividades que elas realizam dependem de trabalho voluntário, como a participação de comitês organizadores ou a elaboração de resenhas e pareceres. Se você se filiar a uma associação e participar de tais atividades, poderá conhecer em primeira mão muitas das ações que caracterizam o cotidiano do historiador profissional.

Síntese

Neste capítulo, observamos que, embora muitos dos objetos de estudo e de trabalho do historiador possam ser de interesse também de pessoas com outra formação acadêmica, a formação específica em História permite que você desenvolva seu trabalho a partir do método histórico, imprimindo, assim, um diferencial em suas atividades em comparação com profissionais de outras áreas.

Além disso, percebemos que um projeto deve configurar-se por um plano minucioso, provisório, que visa à apresentação de um resultado único, na forma de um produto ou serviço. Minucioso para que nada falte ao planejamento; provisório porque cumpre um cronograma, com começo meio e fim; único porque não se trata de repetir aquilo que já foi feito ou de criar o que já existe. E trazendo esse conceito para os propósitos desta obra, um projeto torna-se específico de História quando, para sua execução, o profissional recorra ao método histórico, que pressupõe o levantamento das fontes, as críticas interna e externa, a interpretação das informações obtidas a partir das fontes e a síntese do material por meio da escrita de um texto, da montagem de uma exposição ou de um meio audiovisual, entre outras possibilidades.

Sob essa ótica, a fim de que o profissional de história se mantenha atualizado em seu campo de estudos, é importante que ele esteja vinculado a uma associação, como a ANPUH, o IHGB ou outra. As associações produzem publicações, promovem eventos e enviam notícias a seus associados, além de frequentemente manterem material para pesquisa. A participação nas atividades de uma associação de história é uma oportunidade para que você conheça melhor os aspectos relacionados às atividades próprias do historiador.

Indicações culturais

ANPUH – ASSOCIAÇÃO NACIONAL DE HISTÓRIA. Disponível em: <https://anpuh.org.br/>. Acesso em: 2 dez. 2020.

Site da maior e mais importante associação de profissionais de história no Brasil, com *links* para a *Revista Brasileira de História*, eventos, grupos de trabalho e notícias de interesse para historiadores.

LISA, A ICONOCLASTA. **Os Simpsons**, sétima temporada, episódio 16. Direção: Mike B. Anderson. EUA: 20th Century Fox, 1996.

Nesse episódio da série *Os Simpsons*, a personagem Lisa resolve escrever um ensaio sobre o fundador da cidade onde vive com sua família e descobre fatos surpreendentes a partir de uma investigação histórica.

NEGAÇÃO. Direção: Mick Jackson. EUA/Reino Unido: Bleecker Street Studiocanal, 2016.

Esse filme lida com a questão do revisionismo do Holocausto de ultradireita e mostra como a pesquisa historiográfica enfrenta a questão do negacionismo histórico.

LEANDRO Karnal – Desafios do Historiador em 2017 – Palestra 12.09.2017. Disponível em: <https://www.youtube.com/watch?v=Niy2-uvAejY>. Acesso em: 2 dez. 2020.

Nessa palestra, Karnal trata das múltiplas possibilidades de atuação do historiador, em especial a relação entre pesquisa e ensino.

SARAMAGO, J. **História do cerco de Lisboa**. São Paulo: Companhia das Letras, 1989.

Esse livro traz como personagem um historiador que comete um pequeno erro de redação que o impele a desenvolver uma investigação sobre o episódio histórico do cerco de Lisboa, no século XII.

PIGLIA, R. **Respiração artificial**. São Paulo: Companhia das Letras, 2010.

O livro conta parte da história da ditadura argentina por meio de fontes históricas, como cartas, jornais e textos de literatura e filosofia.

Atividades de autoavaliação

1. Assinale a alternativa correta:
   a) O historiador se diferencia de outros profissionais que estudam o passado porque ele analisa seus objetos a partir do método histórico.
   b) A especificidade do trabalho do historiador é a de identificar as datas em que os fatos do passado ocorreram.
   c) Em sua pesquisa, o historiador precisa ser absolutamente original e, por isso, não pode levar em consideração os estudos de outros pesquisadores sobre seu objeto.
   d) Um projeto de um historiador acadêmico não difere em essência de projetos de historiadores amadores ou de profissionais de outras áreas.
   e) O historiador, como os demais pesquisadores da área de ciências humanas, estuda as sociedades humanas por meio do método sociológico.

2. Assinale a alternativa correta:
   a) Os projetos de história apresentam sempre a mesma estrutura, pois essa é uma marca distintiva da profissão.
   b) O projeto deve ser pensado como um planejamento feito no presente visando a um resultado no futuro.
   c) Processos, operações e projetos são termos sinônimos e implicam ações de duração indeterminada.
   d) Como os projetos de história dizem respeito a realidades do passado, a originalidade torna-se uma meta que não pode ser alcançada.
   e) Os projetos de história se organizam a partir de um fundamento teórico que não pode ser contrariado pela pesquisa e pela experiência histórica.

3. Avalie as assertivas a seguir e indique V para as verdadeiras e F para as falsas.
   ( ) Projeto é o planejamento completo e minucioso para a realização futura de um resultado determinado e seguindo um cronograma.
   ( ) Por meio da heurística, o historiador consegue reunir as fontes necessárias para o desenvolvimento de seu projeto.
   ( ) A crítica das fontes é uma etapa fundamental do método histórico, pois, por meio dela, o historiador pode atestar à confiabilidade das informações de que dispõe.
   ( ) A crítica das fontes, tanto a interna quanto a externa, deve preceder a hermenêutica.
   ( ) Um projeto da área de história deve fazer referência ao tempo, identificando permanências e mudanças em determinado contexto histórico.

Agora, assinale a alternativa que apresenta a sequência obtida:

a) F, F, F, V, V.
b) F, V, V, F, F.
c) V, V, F, F, V.
d) V, V, V, V, V.
e) F, F, V, F, V.

4. Avalie as assertivas a seguir e indique V para as verdadeiras e F para as falsas.

( ) Por meio das associações profissionais, os historiadores podem manter contato uns com os outros, evitando, assim, o isolamento e a desatualização.

( ) No caso específico da história, os profissionais só podem contar com associações em âmbito local.

( ) A ANPUH e o IHGB são exemplos de associações profissionais; a primeira é mais específica da história, ao passo que a segunda dispõe de um caráter interdisciplinar.

( ) Em seu estatuto, é vedada à ANPUH a publicação de periódicos acadêmicos, sendo permitidas apenas revistas de divulgação e boletins.

( ) As associações dos historiadores, como a ANPUH, têm por finalidade orientar os historiadores quanto às suas opções político-partidárias.

Agora, assinale a alternativa que apresenta a sequência obtida:

a) V, F, V, F, F.
b) V, V, F, F, V.
c) F, V, V, F, V.
d) V, V, F, V, V.
e) V, F, F, F, V.

5. Leia o texto a seguir e, na sequência, assinale a alternativa correta:

A Crítica Histórica é um estudo importante e útil; contudo, ele nada faz senão fornecer o material de que necessita o historiador. É impossível fazer uma construção sem haver material, mas a presença deste não é suficiente para se efetuar uma bela e sólida construção: requer-se um arquiteto organizador e ordenador. O mesmo sucede na historiografia. A tarefa do historiador não se restringe a averiguar e registrar os "fatos materiais" do passado; consiste muito mais em entendê-los, ordená-los e interpretá-los. Não pode ter nenhum desprezo pelos fatos. Pelo contrário, deve sempre neles fitar os olhos e respeitar-lhes a natureza. Mas não se aterá servilmente aos fatos. Fará o possível para descobrir, atrás deles, aspectos não diretamente observáveis da "realidade humana" e as múltiplas conexões que existem entre eles. Ao estudar a "realidade humana" de outras épocas e ao patentear as relações existentes entre os diversos fatos históricos, ele perceberá cada vez mais que seu entendimento do passado é condicionado por sua própria situação no tempo. (Besselaar, 1974, p. 257)

a) O texto afirma que o trabalho do historiador é imaginar o que está por trás dos "fatos materiais" do passado.
b) Besselaar quis dizer que os historiadores devem esforçar-se para observar apenas o que não pode ser registrado dos acontecimentos do passado.
c) Segundo a afirmação de Besselaar, só o historiador é capaz de observar o que nenhum outro cientista social é capaz de ver, isto é, as múltiplas conexões entre os fatos.

d) O historiador holandês desconhece o papel do historiador, que deve limitar-se a verificar minuciosamente os acontecimentos do passado e garantir a veracidade de suas afirmações.

e) O historiador deveria ser capaz de apresentar os fatos levantados, assim como a interpretação destes, de forma ordenada e inteligível, em geral, na forma de um texto argumentativo.

6. Em agosto de 2020, foi aprovada a Lei n. 14.038 (Brasil, 2020a), que regulamenta a profissão de historiador. Acesse o texto na íntegra[2], leia-o com atenção e, na sequência, assinale a alternativa correta:

a) De acordo com a Lei n. 14.038/2020 a profissão de historiador só pode ser exercida por portadores de diploma em curso superior de História.

b) Essa lei diz respeito exclusivamente às atividades de pesquisa histórica e trabalho em museus.

c) Para fins de registro, a autoridade competente definida na lei citada é a Associação Nacional de História (ANPUH).

d) Podem exercer a profissão de historiador pessoas sem formação superior, desde que comprovem experiência mínima de cinco anos na área.

e) Com a Lei n. 14.038/2020, o exercício de cargos, funções ou empregos de historiador passou a exigir o registro profissional.

---

2 Disponível em: <http://www.planalto.gov.br/ccivil_03/_ato2019-2022/2020/lei/l14038.htm>. Acesso em: 2 dez. 2020.

Atividades de aprendizagem

Questões para reflexão

1. Leia o texto a seguir, extraído do Estatuto da Associação Nacional de História (ANPUH, 2020, grifos do original), e responda às questões a seguir:

"Capítulo IV

DO OBJETO

ARTIGO 5º *– A ANPUH tem por objeto a proteção, o aperfeiçoamento, o fomento, o estímulo e o desenvolvimento do ensino de História em seus diversos níveis, da pesquisa histórica e das demais atividades relacionadas ao ofício do historiador.*

Parágrafo primeiro *– No cumprimento de seus objetivos, a **ANPUH** poderá por si ou em cooperação com terceiros:*

   a. *Desenvolver o estudo, a pesquisa e a divulgação do conhecimento histórico;*

   b. *Promover a defesa das fontes e manifestações culturais de interesse dos estudos históricos;*

   c. *Promover a defesa do livre exercício das atividades dos profissionais de História;*

   d. *Representar a comunidade dos profissionais de História perante instâncias administrativas, legislativas, órgãos financiadores e planejadores, entidades científicas ou acadêmicas; e*

   e. *Promover o intercâmbio de ideias entre seus associados por meio de reuniões periódicas e publicações, procurando também irradiar suas atividades por meio de suas Seções Estaduais;*

   f. *Editar e publicar a Revista Brasileira de História e a revista História Hoje, bem como quaisquer outras publicações compatíveis com o objeto da Associação.*

Parágrafo segundo. *Na realização de suas tarefas, a ANPUH procurará a convergência de trabalhos com entidades afins, evitando-se a duplicação de esforços.*

Parágrafo terceiro. *A Associação não se envolverá em questões religiosas, político-partidárias ou em quaisquer outras que não se coadunem com seus objetivos institucionais.*

Parágrafo quarto. *Na execução de suas atividades, programas, projetos e planos de ação, a Associação observará os princípios da legalidade, impessoalidade, moralidade, publicidade, economia e eficiência.*

ARTIGO 6º – *Para cumprir sua finalidade, a ANPUH atuará, dentre outras formas, por meio de:*

a. *Realização de Simpósio Nacional, Encontros Estaduais, Fóruns, Grupos de Trabalho e outras atividades similares das diversas áreas de atuação;*

b. *Edição de publicações a critério da Diretoria Nacional;*

c. *Obtenção e gestão de recursos, verbas e fundos públicos ou privados, nacionais e estrangeiros, para a realização de seus programas, projetos, ações e políticas;*

d. *Desenvolvimento de atividades de pesquisa, treinamento, formação, consultoria e projetos, que sustentem iniciativas privadas ou governamentais relativas às finalidades supracitadas da ANPUH;*

e. *Execução direta de projetos, programas ou planos de ações, doação de recursos físicos, humanos e financeiros, prestação de serviços finais, intermediários ou de apoio a outras instituições, ou ao Poder Público.*

Parágrafo primeiro. *Competirá aos Fóruns propor políticas e diretrizes específicas para as suas respectivas áreas de atuação.*

Parágrafo segundo. *Na consecução de seus objetivos, a ANPUH poderá celebrar contratos ou convênios, firmar parcerias, contrair empréstimos, bem como praticar outros atos e negociações com organismos e entidades nacionais e internacionais, públicas ou privadas.*

a) Cite e comente três ações da ANPUH presentes no Estatuto e explique de que forma elas favorecem as atividades profissionais dos historiadores brasileiros.
b) O que significa dizer que a ANPUH pode realizar a "execução direta de projetos"? Explique como uma associação profissional articula-se à atividade de elaboração de projetos.

Atividade aplicada: prática

1. Faça uma pesquisa sobre a seção da ANPUH do estado onde você mora e escreva um texto com as principais atividades que ela desenvolve. Se houver anúncios de conferências ou boletins de notícias, faça um resumo das principais informações.

Capítulo 2
Documentação, museus
e patrimônio

Em 2003, foi lançado o filme *Narradores de Javé*, uma coprodução brasileira e francesa, sob a direção de Eliane Caffé. Na trama, um pequeno vilarejo está ameaçado de ser submergido em virtude da criação de uma represa na localidade, e seus moradores têm a tarefa de produzir em pouco tempo uma história da comunidade. Esta constituiria, então, um patrimônio cultural que justificaria a preservação do vilarejo e impediria a construção da represa.

Esse filme ilustra muito bem um aspecto ligado à atividade do historiador: a necessidade de preservação de objetos que nos foram legados pelo passado. Muitas vezes, esses objetos são documentos, mas também podem ser obras de arte, móveis, obras arquitetônicas ou, até mesmo, utensílios que perderam o uso, mas que remetem ao cotidiano de outras épocas. Tais itens são objetos importantes para o historiador, pois, embora tendo existência no presente, apontam para usos e significados do passado e servem, assim, como pontes entre as sociedades de outrora e a atual. Os documentos são geralmente guardados em arquivos, os objetos de valor histórico são mantidos em museus, e as obras arquitetônicas e os monumentos em geral fazem parte da paisagem urbana. Portanto, neste capítulo, conheceremos um pouco mais sobre cada um desses espaços da memória e sua relação com o trabalho do historiador.

(2.1)
O HISTORIADOR NOS ARQUIVOS

Para o historiador realizar seu trabalho, ou seja, investigar o que ocorreu no passado, é necessário que ele tenha acesso a vestígios de um tempo que não existe mais. Digamos, por exemplo, que você seja um historiador que queira conhecer mais sobre a Roma Antiga: você deverá buscar outros historiadores para entender o que já foi pesquisado, mas também poderá procurar novas fontes de conhecimento histórico e analisar diferentes objetos que sobreviveram ao curso do tempo, como o próprio Coliseu, textos de diferentes romanos, fragmentos de vestimentas, objetos culturais e artísticos etc. Grande parte desses vestígios existe na forma de textos escritos, comumente chamados de *documentos históricos*. O arquivo é o local privilegiado onde esses diferentes documentos são preservados e conservados, principalmente quando se trata de documentos oficiais, isto é, aqueles expedidos por autoridades competentes, como cartórios ou órgãos do governo.

Com o passar dos anos, muitos documentos se perderam por razões diversas, como o desgaste natural do tempo, incêndios, inundações, ações deliberadamente destrutivas etc. Para tentar sanar esse problema, a instituição arquivística aparece como forma de tentar fazer com que tais fontes, que permitem entender melhor sobre o passado, possam continuar a ser acessadas. Os arquivos são também responsáveis por catalogar, ligando o documento a um tempo e a um dono original, e dar a interessados o acesso à consulta desses documentos.

A Lei n. 8.159, de 8 de janeiro de 1991, que dispõe sobre a política nacional de arquivos públicos e privados, estabelece, em seu art. 2º, que **arquivos** são "os conjuntos de documentos produzidos e recebidos por órgãos públicos, instituições de caráter público e entidades privadas, em decorrência do exercício de atividades específicas, bem como por pessoa física, qualquer que seja o suporte da informação ou a natureza dos documentos" (Brasil, 1991a).

O **acervo** é uma coleção documental que integra o patrimônio de quem ele pertence, podendo ter tamanho, recorte e funções diferentes. Um acervo pode ser individual, institucional, nacional e estar organizado de diferentes formas: por data, tema e tipologia, por exemplo.

Um acervo é mantido por uma instituição – museus, empresas, centros comunitários, colecionadores privados, fundações, governos – e pode ser classificado, de forma abrangente, em duas categorias: instituições que se dedicam a preservar uma documentação referente à própria história dessa instituição; e instituições que buscam coletar, armazenar e preservar documentos historicamente importantes provenientes de outros lugares. Um centro de memória empresarial é um exemplo de instituição com acervo dessa primeira categoria: a documentação nele preservada diz respeito à história daquela empresa, como cartas de fundadores, atas de reunião e registros de fundação. O Museu do Holocausto de Curitiba, por outro lado, possui um acervo que diz respeito à memória dos sobreviventes do holocausto, composto por doações das respectivas famílias, documentos históricos sobre a participação brasileira na Segunda Guerra Mundial, testemunhos (em vídeo, áudio ou texto), entre outros.

Diferentes instituições sociais possuem arquivos com acervos para fins e durações específicas. Eles podem ser arquivos voltados à preservação de documentos que ainda estão sendo utilizados no dia a dia, em uso **corrente**, como em uma empresa. Em outras situações, o arquivo tem a função de manter documentos que estão fora de uso corrente, chamados de **intermediários**, que podem necessitar ser consultados depois de algum tempo. Por exemplo, a expressão *o caso foi arquivado*, utilizada em situações legais, diz respeito a documentos de processos que não estão mais sendo investigados ou julgados, mas estão disponíveis para uma eventual consulta no futuro. Por sua vez, documentos que já não tenham mais um uso comum, porque se passou muito tempo desde sua produção, tornam-se acervos

permanentes em arquivos, a fim de que possam ser utilizados para consultas históricas.

No Brasil, o órgão responsável pelo gerenciamento e pelas políticas de arquivos, tanto públicos quanto privados, é o Conselho Nacional de Arquivos (Conarq), instituição ligada ao Arquivo Nacional e que se localiza na cidade do Rio de Janeiro. Existem muitos arquivos, principalmente públicos, que são de enorme importância para o historiador, como o Arquivo Público do Estado de São Paulo ou o Arquivo Público do Estado de Pernambuco. Todos os estados e muitos municípios possuem um, mantendo fontes sobre a história do país, da região ou da localidade. Se você ainda não conhece um arquivo público, é importante que você faça uma visita, pois é necessário para sua formação profissional. Museus, escolas, instituições públicas e empresas geralmente mantêm também um arquivo próprio.

A **arquivística**, ou **arquivologia**, é o campo de estudos dedicado à pesquisa e ao desenvolvimento sobre arquivos, estudando técnicas, princípios, normas e diferentes processos voltados à criação e manutenção desses espaços e dos documentos que neles são coletados, preservados, conservados e divulgados.

Em um arquivo, os documentos podem ser preservados, conservados ou restaurados. A **preservação** e a **conservação** visam impedir e interromper o processo de degradação da documentação por meio da higienização ou da aclimatação, por exemplo. A **restauração** objetiva resgatar o estado original de uso do objeto, utilizando técnicas e materiais específicos para esse fim. É importante ressaltar que o documento histórico deve ser preservado mesmo quando tem marcas de uso. Por exemplo, um livro que foi lido e tem anotações de um personagem importante, como Machado de Assis, tem tanta importância pelos rabiscos quanto teria o livro intocado.

Para a realização de um projeto de pesquisa, o historiador deve interpretar, criticar e esmiuçar as fontes históricas nas quais se baseia. As fontes são a matéria-prima do trabalho do historiador; é a partir delas que os argumentos de um projeto devem ser fundamentados. Para lidar com essa matéria-prima, é necessário, em muitos casos, consultar arquivos, coleções, museus e outros locais nos quais essas informações são organizadas e preservadas. O historiador tem um aliado fundamental nesse processo: o arquivista, responsável pela curadoria, preservação e manutenção desses acervos.

As profissões de historiador e a do arquivista são, em muitos sentidos, complementares. Uma boa formação em História pode auxiliar o trabalho do arquivista, assim como um entendimento do funcionamento de arquivos é de grande valia para o historiador, ao buscar as informações contidas nas fontes.

Ao definir o tema de sua pesquisa, o historiador deverá consultar os acervos pertinentes a seu objeto. Nem tudo que está no acervo é relevante para o recorte proposto pelo historiador: suponhamos que um profissional se proponha a pesquisar sobre a atuação dos diplomatas brasileiros na Alemanha durante a Segunda Guerra Mundial. Para isso, ele precisará analisar os ofícios emitidos pelo Ministério das Relações Exteriores entre 1939 e 1945, que podem ser consultados no Arquivo do Itamaraty, no Rio de Janeiro. Lá, na coleção de documentos desse período, além dos ofícios que busca, ele encontrará uma série de outros documentos sobre atuações do governo brasileiro no exterior – muitos deles absolutamente irrelevantes para o tema pesquisado.

Cabe ao historiador, então, em sua pesquisa, selecionar os documentos a partir de uma ordem de pertinência: as cartas de Guimarães Rosa, que exerceu o cargo de cônsul entre 1938 e 1942 em Hamburgo, na Alemanha, certamente serão valiosas nesse caso.

A partir delas, outros documentos podem ser selecionados: a menção ao nome de Aracy de Carvalho, esposa de Guimarães e funcionária no Itamaraty, pode indicar ao pesquisador uma nova fonte de documentos para suas investigações. No caso de nosso historiador interessado na atuação diplomática, o arquivista poderia, por exemplo, orientar-lhe sobre os segmentos da coleção mais indicados para o pesquisador investigar, de modo a melhor entender a influência de Guimarães Rosa e de Aracy de Carvalho na diplomacia brasileira da época.

O arquivista, por ser o responsável pela organização e manutenção da coleção, pode auxiliar o pesquisador em sua busca por fontes. Por ter uma visão geral da documentação contida no acervo, ele pode orientar o historiador a respeito de onde encontrar determinados documentos e novas informações para sua pesquisa. O arquivista, de certa forma, age como um facilitador para o historiador. No Brasil, diversos historiadores trabalham como arquivistas em museus e fundações.

(2.2)
O HISTORIADOR NOS MUSEUS

Existe uma expressão popular que diz que *lugar do passado é no museu*, referindo-se que tudo que não tem importância para o presente deve ser relegado a um espaço que exibe coisas antigas que não nos dizem mais respeito. Para o historiador, nada poderia ser mais falso, afinal, sabemos que o presente é certamente um conjunto de rupturas com o passado, mas também é repleto de continuidades. Compreender o que aconteceu, como a sociedade funcionava, quais eram os objetos e costumes utilizados, tudo isso tem um significado para o modo como vivemos hoje. É também falsa a noção de que só o que é parte do passado e é antigo está no museu: museus voltados à arte contemporânea, por exemplo, exibem peças produzidas no tempo presente. O Museu da Língua Portuguesa, em São Paulo, apresenta uma exposição sobre a língua em suas origens até seu estado atual, vivido, em suas transformações.

Podemos nos perguntar, portanto, o que é, então, um museu? De fato, muitos museus reúnem objetos antigos para a exibição ao público geral, mas essa é uma definição muito limitada.

De acordo com o art. 3º do Estatuto do International Council of Museums (Conselho Internacional de Museus), o museu é "uma instituição sem fins lucrativos e permanente, em serviço da sociedade e seu desenvolvimento, aberta ao público, que adquire, conserva, pesquisa, comunica e exibe a herança material e imaterial da humanidade e de seu ambiente para os propósitos da educação, estudo, e fruição" (ICOM, 2007, p. 3, tradução nossa).

De acordo com essa definição, os museus são locais onde as sociedades exibem importantes patrimônios históricos e culturais para o divertimento e/ou a conscientização social da cultura e da memória coletiva. Para o historiador, o museu é um espaço em que ele pode organizar exposições, trabalhar diretamente com o educativo ou realizar pesquisas, tanto com relação a seu acervo quanto ao próprio museu.

Museus são, afinal, locais em que uma representação do passado é feita por meio de um recorte narrativo e temático, e considera a seleção de quais patrimônios materiais e imateriais serão ou não exibidos. Cada museu apresenta um recorte temático em si: o Museu dos Inconfidentes, em Ouro Preto/MG, apresenta uma miríade de objetos ligados à Inconfidência Mineira, buscando construir uma identidade nacional; o Museu da Diversidade Sexual, em São Paulo, procura recuperar e valorizar os diferentes gêneros e orientações sexuais. Existem museus voltados à arte de períodos e estilos variados, museus voltados a histórias locais e municipais etc.

No Brasil, o órgão responsável pela gestão nacional dos museus é o Instituto Brasileiro de Museus (Ibram), ligado ao Ministério do Turismo. De acordo esse instituto, até 2010 o Brasil possuía 3.793 museus distribuídos pelo território nacional (Ibram, 2011).

O profissional especializado no trabalho em museus é chamado de **museólogo**, e no Brasil esta é uma profissão que pode ser adquirida por meio de diversas modalidades: curso técnico de Museologia, graduação em Museologia, disponível em algumas poucas faculdades e, por fim, o método mais comum de acesso, que é fazer uma pós-graduação. A pós-graduação em Museologia é oferecida por diversas universidades brasileiras, públicas e particulares. Os postulantes vêm de diversas áreas: ciências humanas (história, geografia, história da arte), biológicas e mesmo exatas. Entretanto, dada a formação do curso e muitos entrecruzamentos, estudantes de História são os principais responsáveis pela continuação da profissão.

O estudante de História interessado em trabalhar com instituições museológicas deve realizar estágios nesses locais. Embora a formação de História seja importante para a carreira de museologia, ela não necessariamente oferece as competências imprescindíveis para as diversas posições de administração e curadoria – gestão de informações, como construir um projeto expográfico, entre outras.

Entre as possibilidades de mercado da carreira de museologia estão os concursos públicos para instituições públicas, como o Museu Paulista, em São Paulo, o Museu Emilio Goeldi, no Pará, ou o Museu Nacional de Belas Artes, no Rio de Janeiro, entre outros. Tais concursos costumam exigir pós-graduação na área e certificados pelo Conselho Federal de Museologia (Cofem), órgão federal que regula a profissão de museólogo, com seções regionais em todas as unidades federativas. Muitos museus públicos e privados realizam contratações de acordo com suas necessidades.

Outra possibilidade de trabalho envolve a participação em firmas de museologia, que agenciam seus serviços para instituições em caráter temporário – para organizar uma exposição, inventariar acervos e outras funções pertinentes.

2.2.1 O HISTORIADOR E A MUDANÇA DE VISÃO SOBRE OS MUSEUS

A exibição de um acervo museológico é um processo complexo. A produção de uma exibição tem um alto custo logístico e não deve ser improvisada. Pelo contrário, precisa seguir um plano temático que justifique a exposição de uma narrativa de forma a conjugar com os interesses do museu em questão. A organização de um museu deve ser feita a partir de um plano-diretor, que orienta as aquisições para o acervo, as prioridades de conservação, as narrativas a serem apresentadas e os planejamentos de curta, média e longa duração.

O ponto de partida de um museu é, necessariamente, as coleções e acervos à disposição. Entretanto, uma mesma coleção pode ser rearranjada de forma a apresentar narrativas distintas. Aqui, vamos utilizar um exemplo concreto do que isso significa: o Museu Paulista da Universidade de São Paulo, na cidade de São Paulo/SP.

O Museu Paulista, também conhecido como Museu do Ipiranga, é a mais antiga instituição museológica pública da cidade de São Paulo e recordista de visitações no Estado. Foi inaugurado em 7 de setembro de 1895 como Museu de História Natural, em um edifício/monumento arquitetônico projetado no parque do Ipiranga. A construção do Museu Paulista se dá em torno da construção da data do 7 de Setembro no imaginário nacional. Ele começou a ser idealizado em 1823, a princípio como um monumento, mas somente no final do século, com a luta republicana, o projeto foi revivido: as obras do museu se encerraram justamente no primeiro aniversário da República, 1890.

Como projeto idealizado por indivíduos que buscavam construir uma noção de identidade nacional aos moldes europeus, com uma narrativa romântica de heroísmo, o museu tem em seu acervo diversas obras que exaltam esse sentimento nacionalista. Seu acervo é composto por mais de 125 mil artigos, entre objetos, iconografia e documentação histórica, mas talvez sua obra mais famosa seja o quadro de Pedro Américo, "Independência ou Morte", de 1888, que recebe lugar de destaque no Salão Nobre do museu.

O quadro de Pedro Américo é uma visão romantizada do chamado "Grito do Ipiranga", quando Dom Pedro I teria proclamado que ficaria no Brasil e declarado a independência do país em relação a Portugal.

Figura 2.1 – *Independência ou morte*, óleo sobre tela, de Pedro Américo (1888)

AMÉRICO, Pedro. **Independência ou morte**. 1888. óleo sobre tela. 460 × 760 cm. Museu Paulista, São Paulo, Brasil.

A partir da direção de Ulpiano Bezerra de Meneses, entre 1989 e 1994, que definiu o plano-diretor de 1990, um novo olhar foi assumido pelo Museu Paulista, que finalmente deixou de ser um museu de história natural para se tornar um museu histórico. Para Meneses (1990, p. 21), o memorial do Grito do Ipiranga, dentro do Museu Paulista, representa "não a Independência, mas o imaginário da Independência – e suas funções – do final do século XIX em diante". Assim, a passagem da celebração da Independência, objetivo principal de seus idealizadores e fundadores no século XIX e cujo mais célebre símbolo é o quadro de Pedro Américo, passou a se tornar o ponto de partida para uma problematização do conceito de identidade nacional no final do século XX.

O quadro de Pedro Américo é o mesmo desde 1888, inclusive em sua posição no salão principal. O que muda é o olhar do historiador e sua interpretação do documento histórico ali contido. A mudança é radical, mas fundamental dentro da concepção do Museu Paulista.

A questão que se impõe a seguir é: Como traduzir essa mudança de olhar, usando os mesmos objetos da cultura material, para o público que visita esse museu? Não existe uma resposta única, definitiva e que funciona para todos os museus: ela pode envolver um remanejo na disposição dos objetos dentro do espaço institucional, a reescrita das placas explicativas que são anexadas às obras, entre outras soluções. Papel de destaque, entretanto, deve ser dado a uma seção fundamental das instituições museológicas: o educativo.

2.2.2 O HISTORIADOR TRABALHANDO NOS MUSEUS

A ideia de trabalhar em museus é frequentemente associada à profissão de historiador, que tem uma participação óbvia e fundamental em sua constituição. A reflexão sobre o passado e seus vestígios é parte integral do ofício, assim como a análise do que e de como é reconstituído. O historiador pode desempenhar o trabalho em museus de diversas formas, como um curador, um educador, um consultor externo, ou usá-los como fonte e/ou objeto de pesquisa e reflexão.

Um museu como fonte e/ou objeto de pesquisa para um trabalho historiográfico pode assumir muitas dimensões. O historiador pode utilizar o acervo do museu, como o de um arquivo, para estudar objetos que estão em exibição ou em reserva técnica. Nesse sentido, ele pode selecionar um ou mais itens para integrar outras fontes em sua interpretação sobre o passado ou, então, trabalhar com o conjunto de objetos para um estudo em específico.

O pesquisador pode também tratar o próprio museu como uma fonte histórica, analisando quais foram suas políticas culturais ao longo do tempo, quais exposições foram montadas, que objetos foram selecionados para exibição ou deixados de lado, quem foram as pessoas que ocuparam e montaram os projetos etc.

Trabalhando dentro de um museu, o historiador e o museólogo podem agir na curadoria da exibição, na seção educativa ou no setor de conservação, preservação e restauração.

A curadoria é o trabalho que decide o que e como será exibido em um museu. Todo museu conta com um acervo em **exibição** e um acervo em **reserva**. Isso porque, muitas vezes, o museu possui uma coleção de objetos maior do que o espaço reservado para o público; portanto, os curadores devem decidir o que será exibido ou não em determinado momento. Geralmente, os museus têm uma **exposição permanente** – objetos que sempre estarão exibidos – e outras **exposições temporárias** – com objetos que estão na reserva ou que ficarão apenas por um período em posse da instituição.

Os curadores de um museu são responsáveis por decidir quais são os temas e os objetos de cada exposição, qual é a narrativa e como será a representação desse objeto. As discussões mais atuais sobre museologia se preocupam em superar uma simples exibição de objetos e se atentam à sua contextualização a respeito de como eram utilizados no passado, procurando constituir uma maior historicização no público sobre aquilo que está sendo visto. O papel do historiador claramente é crítico nesse processo, auxiliando a estabelecer quais acontecimentos, povos, memórias e principais elementos que constituem determinadas visões sobre a história serão transmitidos ao público visitante.

Outro trabalho importante a ser feito é o de conservação, preservação e restauração dos objetos museológicos. Tanto um acervo de um passado antigo ou recente quanto obras de arte ou mesmo uma exibição mais voltada à tecnologia e imersão necessitam manter os objetos em um estado preservado, para que eles possam continuar sendo exibidos por um longo tempo.

Nesse sentido, o historiador pode atuar em políticas ou ações diretas de acomodação, aclimatação e higienização dos itens em um bom estado e até no restauro de objetos que, por alguma razão, tenham se degradado em virtude do desgaste causado pelo tempo, de acidentes ou de ações deliberadamente destrutivas, por exemplo. Há um grande debate a respeito do estado no qual os objetos devam ser restaurados, e essa é uma decisão que tem diferentes significados: Deve-se restaurar um objeto assim como ele foi criado ou, então, manter as marcas do uso e do desgaste do tempo?

Um dos grandes campos de atuação do historiador em instituições museológicas está na "seção educativa" do museu. A ação educativa é uma das funções de maior importância na relação entre museu e público. Embora uma exposição muscográfica possa ser capaz de apresentar uma narrativa coesa para o público sem a necessidade de um profissional dedicado para explicar os pormenores – a exposição deve falar por si mesma –, as ações educativas são de fundamental importância para a mediação entre o público e a exposição, esclarecendo dúvidas, desvelando a narrativa implícita e dialogando com a percepção dos visitantes com o museu.

Em 2014, a Política Nacional de Educação Museal (PNEM) estabeleceu, em seu 1º Encontro Nacional, cinco princípios que deveriam conduzir as características pedagógicas de um museu. São eles:

PRINCÍPIO 1: Estabelecer a educação museal como função dos museus reconhecida nas leis e explicitada nos documentos norteadores, juntamente com a preservação, comunicação e pesquisa.

PRINCÍPIO 2: A educação museal compreende um processo de múltiplas dimensões de ordem teórica, prática e de planejamento, em permanente diálogo com o museu e a sociedade.

PRINCÍPIO 3: Garantir que cada instituição possua setor de educação museal, composto por uma equipe qualificada e multidisciplinar, com a mesma equivalência apontada no organograma para os demais setores técnicos do museu, prevendo dotação orçamentária e participação nas esferas decisórias do museu.

PRINCÍPIO 4: Cada museu deverá construir e atualizar sistematicamente o Programa Educativo e Cultural, entendido como uma Política Educacional, em consonância ao Plano Museológico, levando em consideração as características institucionais e dos seus diferentes públicos, explicitando os conceitos e referenciais teóricos e metodológicos que embasam o desenvolvimento das ações educativas.

PRINCÍPIO 5: Assegurar, a partir do conceito de Patrimônio Integral, que os museus sejam espaços de educação, de promoção da cidadania e colaborem para o desenvolvimento regional e local, de forma integrada com seus diversos setores. (PNEM, 2020)

Tais princípios ressaltam a importância dos museus considerando seu caráter pedagógico e de divulgação educacional para a sociedade. Nesse sentido, o setor educativo em uma instituição museológica tem a função de desenvolver ações educacionais a partir do acervo e da coleção dos museus para o público geral e escolar. O setor é formado por profissionais como educadores, mediadores, monitores e guias. Nem sempre o processo é feito de forma coletiva, já que o tamanho do setor varia dependendo da instituição.

O setor educativo tem por objetivo promover a interação e a reflexão com os temas e conceitos apresentados aos visitantes da instituição museológica. Esses objetivos podem ser alcançados com o planejamento de visitas monitoradas, em que os guias são orientados a promover debates com o público sobre as obras em exposição e a apresentar outros pontos de vistas, com nuances, sobre os objetos expostos.

Tais visitas monitoradas podem ser voltadas para interessados em geral e para o público escolar. A visita monitorada para público escolar costuma ser adaptável para a escola que demanda, e o museu, muitas vezes, oferece cursos específicos para o professor visitante, a fim de que prepare os alunos adequadamente antes da visitação.

Para isso, muitos museus oferecem *kits* educativos, materiais produzidos dentro do âmbito da instituição e que podem ser usados em sala de aula. A elaboração do material educativo envolve uma longa cadeia de decisões, oriundas de demandas da própria instituição e da resposta do público. Também devem ser levados em consideração o orçamento e as condições de trabalho disponíveis no momento de sua concepção.

Para a elaboração desse material, é recomendado passar por algumas etapas. A primeira delas, a avaliação conceitual, corresponde à etapa de planejamento do material educativo. Envolve a caracterização e a identificação do público alvo, bem como a definição de conteúdos e de conceitos com os quais se planeja trabalhar. A segunda fase é a de testes, os quais podem envolver protótipos desse material. A partir desse momento, o material é exposto ao público e incorpora-se o *feedback* das pessoas aos ajustes a serem feitos. Convidados externos podem ser chamados a colaborar nesse processo. Por fim, uma avaliação de processo é realizada para refletir sobre o que foi feito desde o início e contribuir com o aprendizado da equipe ao pensar em novos materiais.

2.2.3 CULTURA DIGITAL NOS MUSEUS

Desde o final do século XX, a internet tem gerado novas formas de sociabilidade e práticas sociais. O avanço dessa tecnologia e as novas possibilidades que ela representa impactaram a forma como os museus do século XXI são pensados.

Em meio a uma cultura de maior interatividade, os museus têm se dedicado a se adaptar e a produzir novas formas de interação entre o público e seus respectivos acervos. Iniciativas como a digitalização de acervos e disponibilização de documentos com comentários na internet estão tornando acessíveis a pesquisa por parte de diferentes pesquisadores no mundo. É possível hoje, por exemplo, fazer um *tour* virtual do Museu do Louvre, na França. Algumas instituições, como o British Museum, têm, inclusive, adaptado seus acervos para novas tecnologias: já é possível, por exemplo, encontrar modelos tridimensionais de relíquias desse museu disponíveis para a impressão em 3D.

A cultura digital não se resume, porém, à disponibilização dos acervos para a internet. Ela também envolve outro tipo de participação e interação entre museus e sociedade: é possível visualizar isso com a participação crescente dessas instituições nas chamadas *redes sociais*, por exemplo.

A cultura digital é uma parte presente do cotidiano dos museus no século XXI, e caso você deseje trabalhar na área, deve estar atento às transformações tecnológicas e sociais em curso.

2.2.4 O Projeto Museográfico e o Plano Museológico

Cada campo de conhecimento e de atuação profissional tem bases teóricas e metodológicas e objetivos diferentes, e isso se reflete nas formas pelas quais seus projetos, planos e/ou programas são estruturados, por meio da organização de atividades que pretendem cumprir determinado fim. No entanto, todo e qualquer projeto compartilha o mesmo fundamento, que é clarificar e estabelecer objetivamente quais são o tema, a proposta, os objetivos, as bases teóricas, os métodos e os recursos materiais a serem utilizados. Esses fundamentos, que são uma "receita" ou uma "carta de intenções" a ser seguida, serão mais bem explorados e detalhados no Capítulo 4 deste livro, que propõe um roteiro de projeto.

Existem dois principais documentos com os quais o historiador-museólogo pode contribuir com os museus. O Plano Museológico é uma carta de princípios norteadores que conduzem a direção de determinado museu. O Ibram lista uma série de possíveis programações necessárias para o funcionamento de um museu: institucional, de gestão de pessoas, de acervos, de exposições, educativo-cultural, de pesquisa, arquitetônico-urbanístico, segurança, financiamento e fomento, de comunicação, socioambiental, e de acessibilidade universal (Ibram, 2016). Os projetos podem intencionar dar conta de questões específicas ou ser integradores, articulando as diferentes áreas.

Cada Plano Museológico deve considerar questões específicas de cada museu, ponderando as possibilidades de acervo, de financiamento, de funcionários, bem como diferentes objetivos e intenções que dialoguem com sua realidade. É a partir de um Plano Museológico, também, que se organiza e se determina como e por quais razões um novo museu será criado e quais serão seus princípios orientadores.

Quando um historiador ou museólogo está pensando na criação de uma exposição, ele precisa fazer um Projeto Museográfico. Para elaborá-lo, é necessário, e muito importante, estabelecer o tema, os objetivos, a justificativa, quais peças do acervo serão utilizadas, quais serão a disposição espacial e a narrativa da exposição, bem como a estimativa de custo e o cronograma a ser seguido. É possível notar que esses elementos são muito parecidos com os de um projeto de investigação científica, e isso não é uma coincidência, afinal, como já dito, todos os projetos compartilham fundamentos. No entanto, a intenção de um Projeto Museográfico não é investigar, mas sim apresentar algo ao público.

O projeto deve apresentar o tema, explicando do que se trata a exposição. Refere-se a uma exposição a respeito de determinada época? É sobre algum local em específico? Ou, então, o recorte se deve a gênero ou a questões raciais? No "tema", o projeto define qual será o fio condutor que balizará todo o trabalho.

Em seguida, é necessário delimitar o que se pretende alcançar (objetivo), por que é importante fazer isso (justificativa) e como isso será feito, ou seja, qual acervo, disposição espacial e narrativa serão utilizados. O projeto deve responder para que serve a montagem de uma exposição: para apresentar fatos, documentos e problemas históricos não tão conhecidos do público? Para conscientizar sobre a importância de determinada questão? Rememorar algo esquecido da memória social? E quais são os itens de acervo que permitirão fazer isso? Qual será a melhor forma de apresentá-los ao público?

No projeto, é importante incluir uma fundamentação teórica, dando base, explicando e dando legitimidade às escolhas de por quê, como, e qual é a finalidade da exposição.

Finalmente, uma exposição museológica requer o gerenciamento de recursos materiais e das pessoas envolvidas. Portanto, faz-se necessário um detalhamento do custo para a produção e o alocamento de materiais e de pessoal que viabilizarão a possibilidade de garantia de seu funcionamento. Quais e quantos suportes serão necessários para a apresentação do acervo? E quais serão os materiais? Qual será o custo para tudo isso? Essas informações são fundamentais para a instituição, bem como para captar recursos de financiamento. Igualmente, um cronograma de atividades para estabelecer o tempo de produção e de manutenção da exposição é importante nesse processo.

Muitas vezes, o projeto – ou a partir dele – exigirá elementos ainda mais específicos, como um desenho de organização de disposição dos acervos e dos fluxos de entrada e saída, a partir da planta do prédio, ou maquetes que permitam uma maior visualidade e compreensão para os agentes que estarão envolvidos.

Os planos museológicos de diversas instituições públicas são, muitas vezes, disponibilizados no *site* da instituição na internet ou, então, em anais de congressos e relatórios de estudo específicos.

(2.3)
O HISTORIADOR E A PRESERVAÇÃO DO PATRIMÔNIO CULTURAL BRASILEIRO

A cidade de Ouro Preto, em Minas Gerais, recebeu, em 1980, da Organização das Nações Unidas para Educação, Ciência e Cultura (Unesco), o título de Patrimônio Cultural da Humanidade. A relevância cultural de Ouro Preto reside na preservação histórica de muitos de seus edifícios públicos e privados, igrejas e ruas, que, por sua vez, contêm também séculos de objetos e obras de artes produzidas e utilizadas no passado. No século XVIII, a cidade foi um importante centro de atividades mineradoras e, a partir do século XX, tornou-se um espaço sobretudo voltado para o turismo histórico.

Determinados lugares, objetos materiais, construções e práticas culturais, que são fonte de pesquisa para o historiador e parte significativa da memória social, recebem o título de **patrimônio histórico** ou **histórico-cultural**. O reconhecimento de um bem como patrimônio ocorre em razão de sua importância para o conhecimento sobre o passado de determinado local e comunidade, com a função de ressaltar a necessidade de sua preservação como um legado histórico. A ideia de patrimônio em seu uso comum está ligada tanto ao indivíduo, que transmite seu patrimônio privado aos seus herdeiros, quanto à coletividade, cujo patrimônio histórico e cultural é deixado às futuras gerações, necessitando de preservação, conservação e divulgação.

Patrimônios histórico-culturais são fundamentais para a rememoração e fundamentação da memória coletiva de uma cidade, região, nação e da própria humanidade. Sua função hoje está ligada às noções de democracia e compartilhamento do conhecimento. O historiador Ulpiano de Bezerra Meneses (2009, p. 33) define que anteriormente "era o poder público que instituía o patrimônio cultural, o qual só se comporia de bens tombados", e, agora, a Constituição Federal "reconhece que é a sociedade quem define seus lugares de maior importância, posteriormente recebendo o título de patrimônio" (Meneses, 2009, p. 33).

A Constituição de 1988 também oferece outra referência do que seria o patrimônio: "bens de natureza material e imaterial, tomados individualmente ou em conjunto, portadores de referência à identidade, à ação, à memória dos diferentes grupos formadores da sociedade brasileira" (Brasil, 1988).

O **Instituto do Patrimônio Histórico e Artístico Nacional (IPHAN)** é o órgão federal responsável pela preservação do patrimônio cultural brasileiro. É vinculado ao Ministério do Turismo, respondendo pela gestão, pela permanência e pelo usufruto dos bens culturais do país. O IPHAN nasceu com o Decreto-Lei n. 25, de 30 de novembro de 1937, considerado o primeiro instrumento legal brasileiro voltado para a preservação do patrimônio cultural. A definição desse patrimônio cultural é apresentada no art. 1º desse decreto como "o conjunto dos bens móveis e imóveis existentes no país e cuja conservação seja de interesse público, quer por sua vinculação a fatos memoráveis da história do Brasil, quer por seu excepcional valor arqueológico ou etnográfico, bibliográfico ou artístico" (Brasil, 1937). O órgão tem 27 superintendências, uma em cada unidade da federação. É por meio delas que interessados podem solicitar o **tombamento** de qualquer bem cujo significado se encaixe na definição proposta pela lei.

Os patrimônios podem ser, em uma definição geral, classificados entre **materiais, imateriais** e **naturais**. Patrimônios naturais são determinados lugares da natureza considerados de grande importância por razões ambientais, como a Mata Atlântica do Sudeste ou o Parque Nacional do Iguaçu.

Já os patrimônios materiais, mais intrinsicamente ligados à cultura dos povos, são objetos físicos: uma coletânea de documentos importantes, como a Constituição Federal e suas emendas; um edifício importante que sobreviveu ao tempo, como a Igreja Notre Dame de Paris; ou mesmo uma cidade inteira. Por fim, patrimônios imateriais, em definição mais recente, dizem respeito àquilo que não pode ser tocado diretamente: o conhecimento de determinado povo, sua memória coletiva, suas práticas culturais etc. No Brasil, o IPHAN já determinou 38 diferentes patrimônios culturais imateriais brasileiros, como a Roda de Capoeira e a Arte Kusiwa, dos povos indígenas wajãpi, no Amapá.

A Constituição de 1988 ampliou o conceito de bens culturais para incluir os chamados *bens de natureza imaterial*: práticas e domínios de vida social que se manifestam em saberes, ofícios e modos de fazer; celebrações; expressões cênicas, artísticas, entre outras. Lugares que abrigam práticas culturais coletivas, como mercados, feiras e santuários, também entram nessa noção (Brasil, 1988).

Isso significa que, pela definição anterior, poderíamos considerar patrimônio apenas objetos e lugares pertencentes a uma cultura material tangível: por exemplo, sítios arqueológicos, como o Parque Nacional da Serra da Capivara, no Piauí, que contém registros da história pré-colombiana no território brasileiro; ou prédios como os do Edifício Copan, em São Paulo, projetado pelo célebre arquiteto brasileiro Oscar Niemeyer. A partir da Constituição de 1988, entretanto, outras ações dedicadas à preservação de costumes e práticas sociais se instauraram, incluindo o Registro e Inventário de Bens Culturais Imateriais, fomentado pelo próprio IPHAN. Foram tais ações que identificaram, por exemplo, a Festa do Senhor do Bonfim, em Salvador, como uma prática a ser preservada. O inventário também classifica o bairro do Bom Retiro, em São Paulo, tradicional ponto de acolhimento de diversas comunidades de migrantes e imigrantes ao longo do século XX, como um ponto de interesse para a conservação da cultura paulista.

A conservação tanto de bens materiais quanto imateriais depende, na grande maioria dos casos, do registro, da catalogação e do incentivo financeiro do governo federal. A conservação do patrimônio cultural brasileiro é uma tarefa que envolve profissionais de diversas áreas: engenheiros, arquitetos, arqueólogos, antropólogos, artistas e, é claro, historiadores. O historiador engaja-se com o patrimônio cultural de diversas formas: mediante pesquisas, bem como práticas em salas de aulas e nos acervos. Esse patrimônio é uma herança das gerações anteriores, que dá sentido às tradições, aos costumes e ao entendimento do que nós, brasileiros, compreendemos por nossa identidade.

A experiência e o conhecimento da área de história oferecem ao profissional outra visão sobre o campo do patrimônio, não apenas como um trabalho técnico de preservação ou reconhecimento de autenticidade do bem cultural (embora esta também seja uma das contribuições do historiador para a área), mas principalmente como modo de selecionar e organizar os registros sobre o patrimônio cultural brasileiro.

Isso significa que o historiador pode trabalhar com os patrimônios como objeto de pesquisa, analisando os diversos bens materiais e imateriais do país, e questionar sob quais critérios a seleção de tombamento, incentivo e fomento foi realizada pelos órgãos oficiais do governo e quais são as memórias sociais priorizadas ou não e por qual viés.

É também parte de seu ofício o olhar atento que pode fazer a ponte entre a importância de um bem cultural para determinada comunidade e os órgãos oficiais que se dedicam à sua preservação. O questionamento deve partir de perguntas simples, ainda que demandem respostas complexas, sobre qual concepção do passado e da história embasa a seleção e quais bens culturais serão mantidos pelos fomentos oficiais.

Imagine, por um instante, o caso do historiador que lida com os fortes portugueses construídos ao longo do século XVII no nordeste brasileiro. A herança militar portuguesa, em virtude da valorização da elite brasileira com relação à sua colonização europeia, foi contemplada por programas de fomento à conservação desse patrimônio. A situação é muito diferente para o historiador que, por exemplo, estuda as comunidades quilombolas do Vale do Ribeira, no sudeste brasileiro. As comunidades cujas terras são alvos de disputas por grandes proprietários e fazendeiros até hoje só passaram a ser reconhecidas pelo IPHAN a partir de 1988. Essa proteção é importante porque não se trata apenas de um título de reconhecimento sobre a importância das práticas e da comunidade que habita essas terras, mas porque elas se encontram diretamente ameaçadas e sob risco de desaparecerem.

Sob essa ótica, é papel do historiador participar do processo de preservação do patrimônio, que é uma parte fundamental da memória e da história de uma comunidade e mesmo de seu país. Ajudar a conservar as práticas culturais de diferentes povos – como das comunidades quilombolas, de imigrantes e de outros setores da sociedade – como patrimônios culturais brasileiros é garantir sua conservação na própria identidade nacional, pois esta fundou-se e desenvolveu-se conforme diferentes comunidades culturais de diversas origens.

Além de lidar com os patrimônios como objeto de pesquisa e análise, o historiador também pode trabalhar diretamente em sua preservação, conservação e restauração. As especificidades técnicas necessárias para esse trabalho são oferecidas por meio de cursos direcionados à conservação dos materiais envolvidos: restauro e conservação de telas, papéis e documentos têm processos distintos entre si e devem passar por certificação creditada pelo MEC, podendo assumir formas de uma especialização, pós-graduação ou cursos técnicos. Ainda é possível participar de oficinas e *workshops* oferecidos por instituições museológicas e fundações sem fins lucrativos, como a Associação Brasileira de Encadernação e Restauro (Aber). São complementações para a formação de historiador que podem fazer diferença na carreira profissional.

Síntese

Neste capítulo, observamos que os documentos escritos representam uma importante categoria de fonte histórica, e sua preservação é essencial para a recuperação de informações acerca do passado, sem as quais a escrita da história se tornaria impossível. Os documentos históricos, geralmente de caráter oficial, são mantidos em um arquivo, onde podem ser classificados, restaurados e disponibilizados para consulta. Os arquivos podem ser públicos, quando pertencem ao Estado ou à prefeitura, por exemplo, ou privados, como é o caso de arquivos de empresas. Para que o historiador possa fazer suas pesquisas, ele se serve do auxílio do arquivista, o profissional que cuida da organização do acervo de um arquivo. Mas é o historiador que, em função de sua pesquisa, seleciona o que é ou não relevante. Frequentemente, historiadores atuam também como arquivistas.

Além disso, também destacamos que objetos, lugares e práticas considerados de importância histórica e cultural são chamados de *patrimônio* ou *patrimônio cultural*. O conceito é bastante amplo, pois pode abranger paisagens naturais, como lagos e florestas, além de construções humanas, como prédios e monumentos, e até objetos menos tangíveis, como uma dança ou um prato típico regional. O objeto se torna patrimônio à medida que é importante para a identidade social e cultural de uma comunidade e, por isso, merece ser valorizado e preservado com a ajuda do Estado. O principal órgão do governo que cuida do patrimônio é o Instituto do Patrimônio Histórico e Artístico Nacional (IPHAN), vinculado ao Ministério do

Turismo. Como a maior parte dos objetos que constituem o patrimônio público nacional remete ao passado, o historiador é um profissional que trabalha de perto essa questão, geralmente em equipes multidisciplinares.

Indicações culturais

O CÓDIGO da Vinci. Direção: Ron Howard. EUA: Sony Pictures, 2006. 149 min.

Um importante curador, morto misteriosamente no Museu do Louvre, em Paris, deixa pistas sobre seu próprio assassinato em obras de Leonardo da Vinci. Robert Langdon, historiador de Harvard, e Sophie Neveu, uma especialista em criptografia da polícia, começam uma investigação sobre o crime. Baseado no romance homônimo de Dan Brow, o filme recorre a procedimentos de investigação que se aproximam dos métodos historiográficos, transformando o acervo do museu em um grande enigma a ser investigado.

UMA NOITE no Museu. Direção: Shawn Levy. Produção: 20th Century Fox. EUA/Reino Unido, 2006. 108 min.

Essa comédia de fantasia baseia-se em uma ideia muito divertida: E se o acervo de um museu ganhasse vida à noite, mas tivesse de cumprir seu papel educativo pela manhã? Na narrativa, em seu primeiro dia de trabalho como guarda noturno do Museu Americano de História Natural, Larry Daley descobre que, no crepúsculo, as estátuas de cera e os esqueletos de dinossauros do museu ganham vida em virtude de um objeto sagrado. Com a ajuda da "estátua" de Theodore Roosevelt, Larry precisa controlar o caos e garantir que nada de ruim aconteça aos objetos-personagens do acervo até o raiar do dia.

NARRADORES DE JAVÉ. Direção: Eliane Caffé. Brasil/França: Riofilme, 2004. 100 min.

Uma cidade está ameaçada de ser inundada em razão de uma represa que será construída na região, e a única forma de salvá-la é escrevendo sua história e evidenciando sua importância como patrimônio cultural. O carteiro, o único com a habilidade da escrita, é encarregado de produzir uma obra sobre a história da cidade a partir de relatos orais de seus habitantes.

SARAMAGO, J. **Todos os nomes**. São Paulo: Companhia das Letras, 1997.

O romance narra a história do Sr. José, um funcionário da Conservatória Geral do Registro Civil, em Portugal, que, para se distrair da monotonia de seu trabalho, coleciona recortes de jornais e imagens sobre celebridades nacionais, utilizando também o arquivo de sua repartição pública para ampliar as informações de seu acervo pessoal. O livro faz uma profunda reflexão sobre o sentido da experiência humana e da construção da memória.

ARRAES, J. **Heroínas negras do Brasil**. Coleção de Literatura de Cordel, 2019.

A cordelista e poeta cearense Jarid Arraes escreveu uma coleção de 20 biografias de mulheres negras brasileiras que fizeram história. As histórias foram contadas em verso e publicadas em folhetos de cordel. Desde 2018, a literatura de cordel foi, finalmente, reconhecida como Patrimônio Cultural Brasileiro.

MAPAS culturais. Disponível em: <http://museus.cultura.gov.br/>. Acesso em: 2 dez. 2020.

Este *site* integra o Mapa da Cultura, plataforma do Sistema Nacional de Informações e Indicadores Culturais (SNIIC/MinC) e que tem como objetivo promover a articulação de esforços para a produção de conhecimento sobre os museus brasileiros. Na plataforma, é possível descobrir quais são os museus de seu estado ou município ou de qualquer lugar do Brasil. Além disso, você pode colaborar com a plataforma, indicando museus que não estejam na base de dados.

IPHAN – Instituto do Patrimônio Histórico e Artístico Nacional. Disponível em: <http://portal.iphan.gov.br/>. Acesso em: 2 dez. 2020.

O portal do IPHAN é um excelente ponto de partida para conhecer o rico acervo do patrimônio material e imaterial do país. Com uma expressiva base de dados e um sistema de busca integrado, o portal apresenta o histórico de cada tombamento, a legislação vigente e as inúmeras ações do IPHAN. Além disso, disponibiliza o *Dicionário Iphan de patrimônio cultural*, composto de artigos e verbetes em constante elaboração.

Atividades de autoavaliação

1. Assinale a alternativa correta:
    a) A principal função dos arquivos é a de preservar os documentos e, por isso, o Arquivo Público Nacional não os disponibiliza para consulta.
    b) De acordo com a legislação brasileira, os arquivos devem armazenar somente os documentos de natureza pública, excluindo, assim, os referentes a pessoas físicas.

c) Embora sediado no Rio de Janeiro, o Conselho Nacional de Arquivos (Conarq) gerencia as políticas de arquivos em todo o Brasil.

d) A função de arquivista, em virtude de suas especificidades, é vedada a profissionais com formação em História.

e) Todos os arquivos, públicos ou privados, são regidos pelas mesmas normas e devem obedecer ao Regulamento Nacional de Arquivos (RNA).

2. Assinale a alternativa correta:

a) As únicas instituições verdadeiramente museológicas são aquelas que possuem objetos históricos, pois as que apresentam objetos de arte ou de ciência só são chamadas de *museus* por analogia.

b) Os museus apresentam exposições acerca do legado material e imaterial da humanidade, visando à educação, ao estudo e ao divertimento das pessoas que o visitam.

c) A pós-graduação em Museologia é ofertada exclusivamente a graduados em História.

d) As firmas de museologia agenciam seus serviços para instituições em caráter permanente.

e) Os museus do país são administrados diretamente pelo Instituto Brasileiro de Museus (Ibram), responsável por milhares de instituições museológicas em todo o país.

3. Avalie as assertivas a seguir e indique V para as verdadeiras e F para as falsas.

( ) As ações educativas, que servem como mediação entre as exposições museológicas e o público, são atividades que podem ser desempenhadas pelo historiador.

( ) Os museus brasileiros desencorajam visitas monitoradas, especialmente as visitas coletivas, organizadas por escolas da educação básica.

( ) A digitalização dos acervos e a apresentação de relíquias em modelos 3D são características de parques temáticos, não sendo, assim, adotadas em museus.

( ) Os museus podem tanto conter uma exposição permanente quanto exposições de caráter temporário.

( ) Os curadores de um museu são responsáveis pela escolha dos temas e dos objetos de cada exposição, bem como pela apresentação desses objetos.

Agora, assinale a alternativa que apresenta a sequência obtida:

a) V, F, V, V, F.
b) V, V, F, F, F.
c) F, F, V, V, V.
d) F, V, V, F, V.
e) V, F, F, V, V.

4. Avalie as assertivas a seguir e indique V para as verdadeiras e F para as falsas.

( ) O termo *patrimônio* refere-se exclusivamente ao legado material e cultural de uma sociedade, estando excluídas dessa definição elementos da natureza ou práticas sociais.

( ) Uma das características do patrimônio é sua transmissão de geração a geração.

( ) No Brasil, a instituição responsável pela preservação do patrimônio público é o Instituto do Patrimônio Histórico e Artístico Nacional (IPHAN).

( ) A atuação do historiador em atividades relacionadas ao patrimônio cultural ocorre, principalmente, em termos de seleção e organização dos registros.

( ) O historiador pode envolver-se com o patrimônio cultural de diversas formas, entre elas por meio de sua pesquisa, das práticas em sala de aula e dos acervos.

Agora, assinale a alternativa que apresenta a sequência obtida:

a) F, V, V, V, V.
b) V, F, F, V, V.
c) V, F, F, V, F.
d) V, V, F, F, V.
e) F, V, V, V, F.

5. Leia o trecho a seguir e, na sequência, assinale a alternativa correta:

A experiência e o conhecimento da área de história fornecem ao profissional outra visão sobre o campo do patrimônio, não apenas como um trabalho técnico de preservação ou reconhecimento de autenticidade do bem cultural (embora esta também seja uma das contribuições do historiador para a área), mas principalmente como um modo de selecionar e organizar os registros sobre o patrimônio cultural brasileiro.

a) O historiador é o único profissional habilitado para trabalhar com o patrimônio, já que só ele é capaz de analisar os diversos bens materiais e imateriais.

b) Ao historiador não cabe promover um olhar crítico sobre o patrimônio, pois as avaliações de mérito são de cunho exclusivamente político.

c) O historiador é, acima de tudo, um profissional profundamente crítico e deve ser capaz de transformar em patrimônio todos os bens materiais e imateriais que julgar oportuno, independentemente de outras instituições.

d) O historiador, embora tenha uma visão crítica, deve submeter-se às decisões dos órgãos federais, sob pena de perder o financiamento de suas pesquisas ou, até mesmo, o emprego, caso seja professor em uma universidade federal.

e) O historiador pode analisar os diversos bens materiais e imateriais do país e questionar sob quais critérios eles foram tombados pelos órgãos oficiais do governo.

Atividades de aprendizagem

Questões para reflexão

1. Compare a função do arquivo com a do museu e identifique semelhanças e diferenças.

2. Explique a relação entre a atuação de historiadores em museus e as ações educativas que estes promovem.

3. De que modo a experiência e o conhecimento da área de história capacitam o profissional que atua na área de patrimônio?

Atividade aplicada: prática

1. Faça uma visita a um arquivo público ou a um museu em sua localidade, preferencialmente com o acompanhamento de um guia. Se for permitido, tire fotografias do acervo. Após a visita, elabore um relatório de sua experiência, apresentando as fotografias que você tirou, acompanhadas de comentários.

Capítulo 3
Divulgação do
conhecimento histórico

Os historiadores, geralmente, são essas pessoas ausentes e presentes ao mesmo tempo. Quando lemos um livro de história, sabemos que alguém o escreveu. Na maioria das vezes, um livro é resultado de meses ou até anos de pesquisa e, por mais que você conheça o autor pessoalmente, é provável que não tenha estado com ele durante todos os momentos da pesquisa. No entanto, por meio da leitura ele se faz presente, partilhando conhecimentos, descobertas, surpresas e, fundamentalmente, o fascínio pelo objeto de estudo que o moveu a escrever. Também quando assistimos a um filme de época, maravilhados com a atenção dada aos detalhes de vestuário, arquitetura e conduta de épocas passadas, é porque nos bastidores esteve um historiador, orientando diretores, atores e produtores.

Sob essa ótica, neste capítulo, estudaremos alguns dos principais papéis que os historiadores assumem em sua profissão: o de consultores, emitindo pareceres fundamentados em seu conhecimento histórico nas mais diversas situações de produção intelectual e cultural; o de editores, utilizando sua formação em História para editar e fazer leituras críticas de obras historiográficas, assim como obras de interesse geral e livros didáticos; e junto a produções audiovisuais, principalmente aquelas que fazem referência a épocas passadas.

(3.1)
Desafios do mercado de trabalho

As atividades de produção intelectual e cultural desenvolvidas pelos historiadores têm relação direta com a divulgação do conhecimento histórico para um público mais amplo, para fora da universidade e das salas de aula, e envolvem diferentes aspectos ligados à cultura de massas, como os produtos de entretenimento (filmes e séries de televisão, por exemplo) e as ações de educação histórica (exposições museais, portais de conteúdos disponíveis na internet ou campanhas sociais de valorização do patrimônio). Trata-se, portanto, de um campo profissional dinâmico e pouco estruturado do ponto de vista das relações de trabalho e da continuidade da demanda.

Para entender esse setor do mercado de trabalho, devemos considerar que, a rigor, não é preciso que determinado conteúdo ou produto passe pelas mãos de um historiador. Veja, por exemplo, o caso das produtoras de material audiovisual ou dos canais de televisão que pretendem criar um produto com conteúdos históricos. Tais empresas podem contratar jornalistas, sociólogos ou pesquisadores genéricos como consultores ou assessores para a produção ou avaliação desses conteúdos. Por que ela contrataria um historiador? Em geral, é um profissional associado, pelas representações sociais mais comuns, a arquivos e documentos antigos ou a salas de aula com adolescentes ruidosos.

Acreditamos que essas empresas podem reconhecer a importância de um historiador profissional, na medida em que nos apresentamos, de forma cada vez mais direta e incisiva, como especialistas em história, com capacidade para nos comunicarmos com o grande público. Essa perspectiva envolve a construção de uma cultura política baseada no papel público do historiador, bem como na atuação de instituições, como os departamentos de história das universidades públicas e as associações de classe (como a Associação Nacional de História – ANPUH).

No entanto, a perspectiva apresentada também envolve uma postura profissional de cada um de nós, tendo em vista que encontramos estratégias de comunicação para apresentarmos reflexões e descobertas de pesquisas, bem como para divulgarmos conhecimentos etc. Essas estratégias, durante décadas, eram bem mais limitadas e dependiam de ocupar espaços restritos da imprensa escrita ou televisiva, em que um historiador podia transformar-se em um colunista de um grande jornal ou revista jornalística, podia aparecer em um quadro televisivo para tratar de certos temas em um programa semanal etc. Com o crescimento da internet e o fortalecimento da cultura digital, no início do século XXI, surgiram novos espaços, como os *blogs* individuais e coletivos e as plataformas de conteúdo, como Yahoo, IG e UOL.

Atualmente, um historiador recém-formado que deseja investir recursos e tempo em sua qualificação profissional como consultor ou colaborador na produção de conteúdos de divulgação histórica precisa encontrar suas próprias estratégias para ser conhecido ou reconhecido. A produção de vídeos ou de programas de áudio, os chamados *podcasts*, representa um caminho que deve ser levado em conta, desde que você reconheça o que já existe, ou seja, que reflita sobre como você pode produzir um tipo de intervenção adequada aos seus interesses.

Alguns historiadores ou jornalistas que trabalham com conteúdo histórico se lançaram nessa direção, e uma rápida pesquisa na internet pode oferecer inúmeros exemplos. Há uma diversidade enorme de canais no YouTube, como "Não caiu no Enem" e "Buenas Ideias", ambos do escritor Eduardo Bueno, ou o canal "Modista do Desterro", da historiadora Pauline Kisner. Entre os *podcasts*, você pode começar com produções sofisticadas, como o "Que História!" do canal de televisão inglês BBC News, ou a série "Escutando História", do historiador Edson Pedro.

Destacamos, porém, que essa modalidade de divulgação do conhecimento histórico raramente envolve remuneração, pois são poucos os canais de vídeo ou *podcasts* que oferecem a chamada *monetização*, isto é, o pagamento em dinheiro calculado pelo número de acessos (que deve ser na casa dos milhares) e pela veiculação de publicidade direta. Mas ela pode, como dissemos, ampliar a divulgação de seu trabalho e torná-lo mais conhecido na região onde você vive ou mesmo em outras regiões do país.

(3.2)
ATIVIDADES DE CONSULTORIA

Muitas vezes, quando pensamos na profissão de historiador, vêm à mente pessoas em horários de trabalho rígidos e fixos voltados à pesquisa, aos arquivos e aos museus. Mas, nas últimas décadas, as atividades de **consultoria** e de **pesquisa histórica**, realizadas por um historiador profissional, especializado e competente, vêm aumentado em demanda em diversas áreas. Órgãos públicos, museus, arquivos, laboratórios de pesquisa, editoras e produções audiovisuais podem contratar historiadores para prestar serviços diversos ligados a esse campo do conhecimento. Esse tipo de trabalho é muito mais flexível e dinâmico, o que exige desse profissional certas habilidades, como a capacidade de compreender diferentes demandas, propor soluções adequadas, negociar prazos e orçamentos e apresentar os conteúdos solicitados de forma direta e objetiva, em geral, em tempo reduzido.

Certa vez, por exemplo, uma produtora de audiovisual precisou consultar um historiador sobre as características do figurino de determinado filme, cuja narrativa se passava em Salvador, no século XIX. O orçamento era baixo, e as soluções precisavam ser criativas. Por isso, não bastava criticar as escolhas da figurinista que havia produzido as roupas dos atores; era preciso sugerir opções, e o prazo para o trabalho era bastante exíguo: uma semana. O historiador contratado consultou, então, dois especialistas no tema, que ele encontrou consultando a base de dados de pesquisas acadêmicas da Universidade Federal da Bahia (UFBA). Acrescentou a essa consulta um acervo visual de roupas do período, que ele construiu a partir de diferentes textos publicados; depois, selecionou trechos específicos desses textos que faziam uma descrição minuciosa das roupas. Ao final, ele montou um único arquivo (em papel) sucinto e muito prático com as descrições e imagens, para ser lido e compreendido pela produtora e pela figurinista do filme, oferecendo dois caminhos para solucionar o problema: seria possível comprar ou alugar peças semelhantes em brechós ou contratar uma costureira para produzir aquelas peças.

Outros exemplos podem ajudá-lo a entender melhor o que está em jogo: uma editora precisa de um leitor crítico para avaliar uma obra de história que ela pretende publicar; uma prefeitura (mediante sua Secretaria de Cultura ou Turismo) necessita descobrir o valor histórico e patrimonial de um casario, cujas origens são pouco conhecidas; um museu local pretende organizar uma exposição sobre uma parte do seu acervo, mas tem poucas informações históricas para embasá-la; uma empresa privada quer oferecer aos seus clientes ou funcionários um livro sobre sua história, narrando como começaram, que desafios enfrentaram e quais foram os valores que lhes permitiram crescer e se consolidar como um empreendimento de sucesso.

Os diferentes trabalhos mencionados surgem porque, em geral, instituições culturais, empresas e órgãos públicos não têm interesse nem recursos para contratar um historiador como um funcionário permanente. Você pode imaginar como seria estranho que uma Secretaria de Saúde ou uma montadora de automóveis tivessem historiadores em sua folha de pagamento, contratados para... contar histórias! No entanto, para realizar projetos específicos e temporários, que envolvam algum tipo de investigação histórica, ou para auxiliar uma equipe já existente a avançar na pesquisa, seria bem adequado contar com os serviços inestimáveis de um historiador.

Esse tipo de trabalho pode ser solicitado até mesmo por pessoas que queiram descobrir aspectos relacionados a suas próprias famílias, visto que um historiador pode, de forma mais qualificada, encontrar documentos em arquivos públicos, identificar informações baseadas em álbuns de fotografia, construir narrativas a partir de técnicas de história oral e articular os acontecimentos familiares a processos históricos mais amplos. Em alguns casos, tais encomendas privadas requerem um tipo específico de pesquisa, chamada de **genealogia**, baseada na investigação sobre a linhagem e a ascendência de determinada família.

Para trabalhar como um consultor ou pesquisador, é apropriado ter uma base bem fundamentada dos estudos sobre o campo da história e o entendimento amplo sobre a disciplina, seus métodos e suas fontes, visto que será preciso recorrer sempre ao método historiográfico de análise e interpretação. No entanto, é importante que o profissional, em seu percurso, identifique se determinadas atividades ou demandas são mais recorrentes que outras. Isso pode conduzi-lo a estratégias de especialização em áreas específicas que o tornariam um profissional qualificado para lidar com os problemas particulares.

Um historiador especializado em museologia ou arquivologia provavelmente terá as habilidades e competências necessárias para prestar serviços, respectivamente, para um museu ou um arquivo. Manter-se atualizado com as novas teorias, princípios e técnicas é fundamental para estar pronto para o trabalho. Conhecer a legislação a respeito também pode ser importante caso a caso, já que as consultorias requisitadas dizem respeito a adequações dos acervos. Também é possível se tornar especialista em determinadas épocas históricas ou em certas áreas de pesquisa, mas sempre de forma ampla: período colonial, século XIX, cultura material, história política etc.

(3.3)
O HISTORIADOR EM EDITORAS

A formação do historiador, como sabemos, está baseada na leitura de textos escritos, especialmente livros e artigos acadêmicos. Por isso, seria natural que seu campo de atuação profissional também estivesse profundamente ligado aos livros. O profissional que prepara a publicação de livros e revistas é chamado de *editor* e, muitas vezes, tem formação específica na área, oferecida pelos cursos universitários de Comunicação Social com especialização em Editoração. No entanto, muitos editores são formados em outras áreas, como jornalismo, letras, sociologia, filosofia ou história, pois o mercado de trabalho permite essa flexibilidade, e a própria experiência se torna um caminho de aprendizado das qualificações exigidas.

Um dos trabalhos mais proeminentes na profissão é justamente este, relativo à publicação de conteúdos impressos ou digitais, principalmente por editoras de livros e revistas ou plataformas de conteúdo para a internet. No campo editorial, chamamos de *manuscritos* os textos enviados por um autor para ser publicado, mesmo que eles tenham sido escritos em um editor digital, como o Word ou o OpenOffice. Entre o manuscrito e o livro ou artigo publicado, há o longo e tortuoso caminho da editoração.

A editoração envolve o gerenciamento de todas as etapas de edição e publicação de obras escritas, tais como: a escolha dos manuscritos a serem publicados; a colaboração, em parceria com os autores, na preparação dos manuscritos escolhidos; as decisões sobre a arte gráfica (aspectos visuais do livro ou da revista); as escolhas sobre os aspectos materiais (tipos de papel do miolo e da capa, técnica de encadernação, acabamento geral do produto); o acompanhamento da impressão na gráfica; o planejamento das ações de publicidade para vender os livros ou revistas etc.

As várias responsabilidades do mundo editorial são, em geral, distribuídas entre diferentes especialistas, como *designers* gráficos, revisores, pesquisadores de iconografia, ilustradores, entre outros. O papel do editor também se desdobra em cargos e funções, como editor executivo, editor assistente, editor chefe, subeditor, redator, editor de iconografia, editor de textos, e assim por diante. De todo modo, o trabalho em equipe das grandes empresas ou o trabalho isolado de um único editor é, no fim das contas, selecionar, avaliar, corrigir e decidir o que será publicado, como será publicado e qual público a publicação pretende atingir.

Essa rápida descrição da área nos ajuda a entender onde o historiador pode encaixar-se nesse mercado de trabalho. Como um profissional que se formou como leitor assíduo e incansável, o historiador pode habilitar-se para assumir responsabilidades na elaboração de textos e na leitura crítica de manuscritos já produzidos e voltados para os conhecimentos históricos. Mas essa capacitação geral se desdobra em inúmeros trabalhos, conforme a diversificação do campo editorial, que podemos resumir em quatro grandes áreas: editoras universitárias e revistas acadêmicas; editoras de livros e revistas de divulgação para o grande público; editoras de livros didáticos; plataformas de conteúdos digitais.

No campo acadêmico, o historiador pode trabalhar em editoras universitárias, geralmente especializadas em publicar as pesquisas do próprio corpo docente e de professores de outras universidades. Em geral, tais editoras têm um padrão específico de avaliação do que será ou não publicado, levando em conta a relevância, a originalidade e a qualidade metodológica dos manuscritos apresentados – muitas vezes, teses e dissertações. Nesse caso, espera-se que um historiador que assuma funções de editor conheça, da forma mais ampla possível, as várias áreas de conhecimento e, principalmente, os especialistas e as principais autoridades nessas áreas. Isso porque, muitas vezes, será preciso consultá-los para avaliar de forma correta o manuscrito que pretende ser publicado. Depois de aprovado, o texto original precisa, invariavelmente, passar por transformações, como mudança de títulos e subtítulos, escolha de imagens e reescrita de trechos mal-elaborados ou excessivamente técnicos que afastariam uma faixa importante de leitores: aqueles que estão no início de sua formação universitária e poderiam considerar determinados textos inacessíveis.

Também é possível trabalhar nas revistas acadêmicas, especializadas na publicação de artigos de pesquisas na área de história, como a revista *História Hoje*, da ANPUH, ou a revista *Estudos Históricos*, publicada pelo Centro de Pesquisa e Documentação de História Contemporânea do Brasil (CPDOC) da Fundação Getúlio Vargas (FGV). No entanto, tais revistas tendem a se estruturar com equipes reduzidas, compostas por um conselho editorial escolhido entre os professores do departamento que criou a revista (portanto, não remunerados para essa função) e por um ou dois funcionários da própria universidade.

A falta de recursos dessas revistas não impede, porém, que jovens historiadores colaborem de forma temporária ou esporádica em troca de determinadas experiências e aprendizados. Isso pode ser feito a partir de contribuições específicas, por exemplo, na revisão de artigos, como auxiliar do *designer* gráfico ou como assistente do historiador-editor. Mas pode também permitir uma aproximação com certas áreas de pesquisa, visto que muitas revistas são especializadas em determinadas áreas da historiografia. A *Revista de Antiguidade e Medievo*, da Universidade Estadual do Rio de Janeiro (UERJ), por exemplo, é especializada em estudos sobre sociedades e culturas das idades Antiga e Média, ao passo que a *Tempo e Argumento*, da Universidade Estadual de Santa Catarina (Udesc), publica dossiês e artigos sobretudo ligados aos estudos do tempo presente.

Uma busca na internet pode revelar um universo variado de editoras acadêmicas e revistas especializadas com as quais você pode entrar em contato e oferecer suas habilidades profissionais em troca de remuneração ou, no mínimo, de aprendizado.

As editoras privadas de mercado que publicam livros de divulgação do conhecimento histórico são muito diversificadas, tanto na criação dos seus catálogos, isto é, dos livros e das revistas que escolhem publicar, quanto na formação de suas equipes profissionais. Há, por exemplo, grandes editoras de alcance nacional, com vastos catálogos que incluem autores renomados no Brasil e no exterior; editoras que só publicam sob encomenda do próprio autor, que se responsabiliza pelo pagamento de seus livros; além de editoras regionais e locais, que decidem o que desejam publicar, segundo orientações políticas ou estéticas. Logo, você poderá tanto encontrar editoras sediadas em grandes e imponentes edifícios, com um quadro de centenas de funcionários, quanto editoras formadas por dois, três editores e meia dúzia de prestadores de serviços, como revisores e diagramadores.

Existem, ainda, editoras que preferem publicar livros e revistas de banca de jornal com perfil popular e polêmico, focados em temas de grande interesse, como a Segunda Guerra Mundial e as teorias conspiratórias; outras editoras organizam seus catálogos em torno de traduções de obras renomadas no exterior e em autores brasileiros consagrados; outras optam por publicar novos autores e historiadores pouco conhecidos, mas com pesquisas inovadoras e relevantes.

Inserir-se como historiador nesse setor do mercado editorial implica um conhecimento mais amplo e menos especializado que o trabalho em editoras universitárias. Isso porque não basta reconhecer a historiografia acadêmica, mas é oportuno que um editor de livros de história conheça também as práticas de consumo do grande público, acompanhe as mudanças internacionais e as tendências dos mercados editoriais, atualize-se por meio do jornalismo cultural e, se possível, identifique os interesses dos jornalistas mais influentes que podem, por exemplo, elaborar uma resenha sobre determinado livro que sua editora publicou. Ainda, o historiador deve estar atento aos temas mais polêmicos que circulam na grande imprensa e nos canais de televisão, aos assuntos que oferecem interesse graças às chamadas efemérides, isto é, as datas comemorativas, como os cem anos da Revolução Russa, em 2017, ou os cinquenta anos da queda do Muro de Berlim, em 2019. Em poucas palavras, é oportuno que esse historiador esteja bem situado no tempo em que vive e, especialmente, na atmosfera cultural em que está mergulhado, pois seu papel será apostar em livros de sucesso.

Evidentemente, esse historiador-editor também terá de acompanhar a transformação do manuscrito em livro, como em todo trabalho editorial. Por isso, será fundamental manter-se atualizado nas pesquisas históricas publicadas e ter uma base metodológica e teórica consistente. Assim, graças a seu repertório e ao conhecimento dos procedimentos historiográficos, ele deve ser capaz de, ao ler um manuscrito, apontar problemas e questões históricas não exploradas pelo autor e auxiliá-lo na reescrita do manuscrito, de modo a torná-lo mais fluído e acessível para o público esperado para aquele tipo de livro.

É também muito comum que um historiador trabalhe em editoras de livros didáticos, responsáveis por boa parte do conteúdo que será disponibilizado em diferentes escolas de ensino básico no país. Trata-se de um trabalho de fundamental importância, pois é um dos principais instrumentos dos conhecimentos produzidos pela pesquisa histórica para a divulgação e disseminação entre os jovens estudantes. O historiador que trabalha na publicação de um livro didático deve conhecer os assuntos que serão ensinados, bem como selecionar e avaliar os conteúdos, tendo em vista sua maior aproximação com o estado da arte da pesquisa, bem como sua adequação para professores e alunos. Deverá também, a partir de projetos, pensar de forma estrutural em processos de aprendizagens e exercícios em conformidade com a legislação brasileira sobre materiais didáticos.

As principais diretrizes para a produção de livros didáticos são, atualmente, a Base Nacional Comum Curricular (BNCC), um documento publicado pelo governo federal que define as linhas mestras da educação básica (ensinos fundamental e médio), e os editais do Programa Nacional de Livro Didático (PNLD), publicado quase todos os anos com diretrizes específicas para a publicação de materiais didáticos. Conhecer profundamente esses documentos é exigência fundamental para a inserção do historiador nesse mercado de trabalho.

Há, ainda, possibilidades diversas de trabalho com veículos de comunicação de massa, a exemplo da imprensa diária dos jornais impressos, tais como o *Estado de São Paulo*, ou nos veículos de jornalismo eletrônico, como o *Nexo Jornal* e o *The Intercept*. O historiador pode, ainda, integrar-se às equipes editoriais ou de colaboradores de revistas de divulgação, como a *Aventuras na História*, da Editora Abril, ou às plataformas digitais de conteúdo, como Yahoo, UOL, Portal IG, entre outras. O profissional interessado nesse setor do mercado de trabalho precisa conhecer a fundo as transformações tecnológicas em curso, tanto no que diz respeito à cultura digital quanto no campo do jornalismo.

Há inúmeros historiadores "infiltrados" na atividade jornalística e que podem inspirar jovens profissionais, entre os quais estão Sylvia Colombo, repórter especial da *Folha de S. Paulo*, formada em História pela Universidade de São Paulo (USP) e em jornalismo pela Pontifícia Universidade Católica de São Paulo (PUCSP), e Hugo Studart, que atuou em diversos jornais do país, como o *Jornal do Brasil* e a revista *Isto é,* e publicou livros de pesquisa histórica sobre a Guerrilha do Araguaia, ocorrida no início da década de 1970.

Para completar esse quadro sobre o mercado editorial, podemos destacar, ainda, um dos campos de atuação para o historiador como curador de publicações de cunho documental, em que ele pode atuar na seleção, na apresentação e na edição crítica de séries documentais. Tais coleções podem referir-se a uma diversidade de instituições, como órgãos públicos, instituições religiosas ou culturais, empresas privadas etc. Podem ser coleções de atas de uma Câmara Municipal, de correspondências trocadas entre personalidades, de mapas históricos, de artigos de imprensa sobre determinado tema ou de um veículo de comunicação específico etc.

Tendo em vista que a documentação para análise e consulta costuma ser muito maior do que o financiamento disponível para a publicação de um projeto, é comum que uma equipe tenha a responsabilidade de selecionar, transcrever, anotar, indexar e revisar os documentos incluídos na edição. Essa seleção deve ser feita por uma avaliação da pertinência histórica do documento, para só então decidir se serão ou não incluídos na coletânea.

Cada vez mais coletâneas desse tipo são organizadas e publicadas digitalmente, já que a internet é um meio cada vez mais utilizado por diversos acervos para tornar acessíveis suas coleções e seus acervos. A Bibliothèque Nacional Française, mediante o Sistema Gallica, disponibiliza sua coleção com comentários para o público geral, por exemplo.

Em diversas publicações, um glossário histórico é necessário para auxiliar o leitor quanto a termos técnicos, nomes e eventos que possam ser relevantes para o material. O historiador é responsável também por esse material, checando a veracidade das informações nele contidas.

Coleções de fontes primárias são vitais para o acesso à pesquisa, e o historiador-editor é uma figura importante no processo de busca por financiamento, divulgação e organização dos materiais.

Outro nicho de mercado para o historiador interessado em editoração é o das edições históricas comentadas. Obras literárias clássicas, como Os Lusíadas, de Luís de Camões, Ilíada e Odisseia, de Homero, ou A divina comédia, de Dante Alighieri, muitas vezes são comentadas por historiadores de forma a fornecer um contexto histórico ou elucidar certas referências contidas. Também obras de cunho biográfico ou autobiográfico podem receber esse tratamento, passando ao leitor uma visão crítica do conteúdo apresentado.

Finalmente, existem, ainda, coleções de estudos históricos e culturais, como é o caso da Coleção de Estudos Brasileiros, publicada entre 1974 e 1987 pela Editora Paz e Terra, que reuniu trabalhos de intelectuais tanto do Brasil quanto do exterior (Carrijo, 2013).

(3.4)
O HISTORIADOR E O AUDIOVISUAL

Em algum momento de sua trajetória como aluno de História, você já foi questionado, por um parente ou amigo, sobre a veracidade dos conteúdos históricos de determinado filme ou série de televisão? Se ainda não foi, prepare-se. Essa é uma das indagações comuns em conversas informais, logo que alguém descobre que você estuda ou estudou História e pode, portanto, confirmar ou refutar uma hipótese sobre o modo como uma telenovela, por exemplo, retratou um período histórico. Afinal, nada mais justo que um espectador crítico obtenha respostas seguras para suas dúvidas justamente perguntando para o especialista mais próximo, no caso, você.

Esse tipo de situação ilustra, de forma simples, as inúmeras relações entre os conhecimentos históricos e o campo audiovisual. Em primeiro lugar, porque se espera, segundo essa noção do senso comum, que nós, historiadores, sejamos espectadores atentos à representação da história nos filmes e, sendo assim, teríamos a habilidade de "separar o joio do trigo", identificando o que é conteúdo "verdadeiro" e o que é falsificação, distorção, exagero ou supressão de acontecimentos, personagens ou objetos de cultura material (utilizados como objetos de cena ou no figurino dos personagens).

Em segundo lugar, nem todas as pessoas sabem que a pesquisa historiográfica é profundamente especializada e, diante do colossal conhecimento histórico à nossa disposição, somos obrigados a delimitar investigações específicas que nos tornam pouco familiarizados com outros períodos históricos e suas especificidades. Há, inclusive, historiadores que se dedicam a estudar a produção audiovisual analisando filmes, movimentos cinematográficos, transformações da linguagem audiovisual, desenvolvimento econômico do audiovisual e as relações com os conteúdos históricos. Nem por isso esses historiadores se tornam capazes de identificar em qualquer filme como tais conteúdos foram manipulados.

Em terceiro lugar, essa situação corriqueira também alude às condições de produção audiovisual, afinal, o espectador atento pode refletir que, na equipe responsável pelo filme ou pela telenovela, não havia um profissional capaz de identificar se determinado conteúdo histórico estava de acordo com o que se sabe sobre o assunto. Será que ninguém fez uma boa pesquisa para situar, de forma correta, o drama narrado em um contexto histórico específico? Lamentavelmente, nem sempre a criação de um produto audiovisual tem esse tipo de preocupação, como você pode atestar em uma rápida pesquisa na internet, procurando, por exemplo, por palavras-chaves como "erros históricos em filmes". Pode apostar que surgirão grandes produções hollywoodianas povoadas de incorreções e distorções.

No entanto, existe uma infinidade de produtos audiovisuais que tratam de conteúdos históricos, e parte dessa produção não apenas se preocupa com a veracidade de suas informações, mas também está interessada em apresentar uma versão verossímil dos acontecimentos e dialogar com outras interpretações sobre o mesmo período histórico. Entre os vários exemplos, o mais notório é o filme *O nome da rosa*, dirigido por Jean-Jacques Annaud e lançado em 1986. Esse filme, baseado no livro homônimo de Umberto Eco, contou com a assessoria profissional de Jacques Le Goff, um dos mais eminentes historiadores franceses. A obra, cuja narrativa se passa em um mosteiro europeu, em 1327, foi um grande sucesso de público e crítica e chamou a atenção, entre outros aspectos, pelos elementos visuais. Sobre esse tema, o professor de Literatura Wellington Fioruci, da Universidade Tecnológica Federal do Paraná (UTFPR), afirmou:

> *A ambientação do filme envolve desde o início o espectador, com uma fotografia bastante crível do período medieval retratado. Assim, as locações reais usadas pela equipe, bem como o constante clima nebuloso, garantem uma maior tensão àquele espaço povoado de mistérios, tornando o enredo de Eco ainda mais palpável, já que dão tridimensionalidade à imaginação literária. Não deve ser esquecido também o figurino que juntamente com a equipe de arte favorece o impacto visual da história.*
> (Fioruci, 2010, p. 158)

Assim, a pesquisa histórica coordenada por Le Goff possibilitou ao diretor e à sua equipe a criação de um universo ficcional que procurava transportar a imaginação do espectador para o que nós sabemos hoje sobre um mosteiro medieval. Mas há outras concepções sobre os conteúdos históricos na realização de um filme e, como analisaremos a seguir, existem diferentes responsabilidades atribuídas a pesquisadores de conteúdos históricos em produtos audiovisuais.

3.4.1 O HISTORIADOR E O MERCADO DE TRABALHO DO AUDIOVISUAL

O mercado de trabalho, no Brasil, para historiadores no campo audiovisual ainda é reduzido, mas cresceu significativamente nas duas últimas décadas, na medida em que o mercado também se ampliou e se diversificou graças a determinadas orientações das políticas públicas, desde a criação da Agência Nacional de Cinema (Ancine), em 2001, órgão do governo federal responsável pela regulação e pelo fomento da indústria cinematográfica no país.

Nesse período, houve uma permanente ampliação da produção de filmes de ficção, documentários e séries para televisão, exibidas nos canais pagos por assinatura e, mais recentemente, na Netflix. Houve, ainda, a consolidação da teledramaturgia da TV aberta, em canais como Record, Bandeirantes e SBT, que se somaram à gigante das telenovelas, a Rede Globo.

Segundo dados da Ancine, desde 2011 há um consistente crescimento do setor, mesmo em períodos de crise econômica. O público de filmes brasileiros, que em 2014 era de 12,25%, chegou a 14,82% em 2018, enquanto o lançamento de filmes passou, no mesmo período, de 114 para 185, e as salas de exibição subiram de 2.833 para 3.347 espectadores (Ancine, 2018). Em 2007, havia cerca de 88 mil empregos formais no setor; já em 2013, esse número era de aproximadamente 111 mil, apresentando queda, em 2016, para 91 mil (Ancine, 2020).

Até o início do século XX, a produção audiovisual estava concentrada em grandes empresas, localizadas, especialmente, no eixo Rio-São Paulo, com a Rede Globo e algumas poucas produtoras de cinema sendo responsáveis por boa parte do mercado. Esse quadro reduzia drasticamente as possibilidades de trabalho no setor, não apenas para historiadores e pesquisadores em geral, mas para inúmeros campos profissionais. No entanto, o mercado atual caracteriza-se pela diversificação tanto regional quanto relativa aos tipos de empresas. Segundo a Ancine, em 2017, existiam cerca de 9 mil produtoras, das quais 95% eram micro ou pequenas empresas, e, apesar da concentração regional em estados da Região Sudeste, havia polos de produção importantes nas regiões Nordeste e Sul do país, como em Salvador, Recife e Porto Alegre (Neccult, 2017).

Há três diferentes campos de trabalho envolvendo material audiovisual: as produtoras de filmes de ficção e documentários; os canais de televisão que produzem teledramaturgia; e as produtoras de vídeos didáticos. Muitas produtoras costumam contratar profissionais para a pesquisa necessária, especialmente em filmes com conteúdos históricos, bem como na fase de idealização do projeto ou de pré-produção do audiovisual. Pode ser uma pesquisa sobre determinado espaço-tempo (como era a Cidade do Recife no início do século XVIII), um personagem histórico específico ou tipos sociais característicos (comerciantes portugueses, caixeiros viajantes, militares etc.), ou assuntos pontuais (por exemplo, o idioma falado pelos moradores da Vila de São Paulo, no século XVII).

A produção de teledramaturgia também conta com especialistas em história para assessorar os roteiristas e diretores na criação de um universo ficcional verossímil e crível do ponto de vista dos conhecimentos históricos. Muitas telenovelas foram criadas e roteirizadas com a leitura crítica de historiadores que procuraram identificar como determinada atmosfera ficcional se aproximava ou não do fundo histórico a que ela se referia. Em geral, esses historiadores são profissionais conceituados, com carreiras sólidas, como o historiador José Carlos Sebe B. Meihy, professor titular da USP, um dos consultores da telenovela América, escrita por Glória Perez e exibida pela Rede Globo em 2005.

No entanto, outros profissionais de história também são contratados para um trabalho de pesquisa mais minucioso que deve acompanhar o desenvolvimento da escrita dos capítulos, já que essas telenovelas reconstituem de forma realista inúmeros ambientes e acontecimentos históricos. Apenas para dar um exemplo, imagine uma telenovela em que há uma cena em uma praça de uma cidade média do interior de São Paulo, no início dos anos 1930. O roteirista precisa criar um cenário com figurantes e objetos de cena para que um casal apaixonado de protagonistas caminhe e converse pela praça. Ele, então, sugere no roteiro que haja crianças brincando ao fundo, algumas pessoas sentadas nos bancos da praça e um pipoqueiro. Opa! Um carrinho de pipoca?! Sim, afinal, toda praça que se preze tem um vendedor de pipoca, certo? Talvez. Afinal, seria preciso que já tivessem "inventado" o carrinho de pipoca, o que significaria a estrutura do carrinho, as panelas, o saquinho para colocar pipoca, a receita para estourar pipoca e... o botijão de gás. Foi um pesquisador da equipe que frustrou o criativo roteirista, ao descobrir que os botijões passaram a ser comercializados apenas em 1938 e só se popularizaram a partir da década seguinte. Então, *tire o pipoqueiro da praça!*, recomenda o historiador.

Essa anedota ilustra um aspecto importante das pesquisas em audiovisual que difere bastante de outros campos profissionais do historiador, como a sala de aula e a produção de materiais de ensino. Em geral, a narrativa criada pelo roteirista e/ou pelo diretor estrutura-se em uma trama ficcional mergulhada em determinado contexto histórico que eles devem conhecer em linhas gerais. Por exemplo, se se trata de uma história que se passa nos tempos da escravidão, o roteirista deve saber como escravizados e proprietários se relacionavam, como era a economia do período, de que forma aquela sociedade se organizava, como se constituíam as relações de poder etc. Em outras palavras, ele precisa saber quais são as relações sociais, a ideologia e os aspectos intelectuais de determinada sociedade, mas cabe ao pesquisador de história oferecer a materialidade dessas relações.

Quais eram as roupas utilizadas, de que tecidos eram feitos e quais eram as classes sociais que as utilizavam? Que acessórios as mulheres e os homens dispunham em seu corpo e com que finalidades? Como caminhavam no espaço público? O que as pessoas comiam, em que condições se alimentavam e segundo que práticas sociais? Como eram os móveis de uma casa e que funções ocupavam? De que maneira se constituía um ambiente doméstico? Havia quadros na parede? Se sim, de que tipo?

No setor audiovisual, espera-se, portanto, que os pesquisadores de história tenham facilidade e conhecimento sobre as culturas visual e material dos períodos que estiver pesquisando. Ele não precisa memorizar em que ano determinada carruagem foi inventada, mas precisa saber como pesquisar esse tipo de dúvida, pois o produto audiovisual constrói um universo ficcional baseado na ambientação, isto é, em cenários que, ao contarem determinada narrativa, pretendem transportar o espectador para aquele ambiente. Isso depende fundamentalmente de figurino, objetos de cena, cenografia das casas e espaços públicos.

Nesse contexto, outra característica é importante nesse tipo de trabalho: os conhecimentos históricos que você produzir não serão apresentados como conteúdo audiovisual, mas serão a base (em geral, uma das bases) para a realização do produto audiovisual. A pesquisa histórica, geralmente, funciona como uma espécie de matéria-prima que, entregue ao diretor e à sua equipe, pode ser manipulada conforme uma série de outras variáveis, como os interesses econômicos, as concepções estéticas, a expectativa de comunicação da produtora ou do canal de televisão.

3.4.2 Audiovisual e livros didáticos de História

Finalmente, o trabalho com materiais didáticos também emprega historiadores na realização de produtos audiovisuais destinados ao ensino de História e das demais disciplinas de ciências humanas e sociais (Geografia, Filosofia e Sociologia, no ensino médio). Desde os anos 1980, com a criação e a popularização dos videocassetes, havia produção audiovisual voltada para a sala de aula – os chamados *vídeos didáticos* –, isto é, filmes baseados em imagens de arquivo e narração contínua, quase sempre monótona e cansativa. Mas o crescimento das mídias digitais e o uso cada vez mais frequente de novas tecnologias na escola ampliaram significativamente os conteúdos oferecidos na forma de audiovisual, provocando uma inovação na linguagem e uma ampliação do mercado de pesquisadores ou mesmo de roteiristas com formação em História.

Desde o início da década de 2010, há um mercado crescente desses produtos, graças a dois campos de atuação do campo educacional: as escolas privadas e as editoras de livros didáticos. Inúmeras escolas, para se manterem competitivas, oferecem conteúdos multimídia, apoio didático em plataformas digitais e outros produtos de aprendizagem além do livro didático. Para isso, contratam, muitas vezes, produtoras de conteúdos que se especializam nesse tipo de audiovisual com finalidades didáticas. Já as grandes editoras de livros didáticos passaram a produzir audiovisual porque os editais do PNLD, lançados praticamente todo ano, têm exigido que os materiais didáticos a serem comprados pela rede pública contem não apenas com os tradicionais livros didáticos por disciplina, mas também com vídeos, jogos digitais educativos e infográficos. Assim, as editoras passaram a contratar produtoras de vídeos para assumir essa tarefa, que, inúmeras vezes, precisa de profissionais de história.

Em geral, seja qual for o tipo de trabalho com audiovisual, a forma de contratação mais comum é por pesquisas específicas, com remuneração na forma de prestação de serviço temporária, ou seja, circunscrita a determinado produto (por exemplo, a pesquisa sobre um tema que pode ser entregue na forma de um relatório ou de uma comunicação oral). Por isso, do ponto de vista das relações de trabalho, a melhor forma de se preparar é constituir uma pessoa jurídica (PJ) para emitir notas fiscais pelo trabalho e receber uma remuneração maior, em virtude da redução do imposto de renda.

Síntese

Neste capítulo, avaliamos que como grande parte da produção sobre história é feita em linguagem escrita, o trabalho de edição perfaz uma das maiores possibilidades de carreira para o historiador. O editor é o profissional responsável pela seleção, avaliação e correção do que será futuramente publicado em uma editora ou em um periódico acadêmico. Sob essa ótica, o historiador-editor pode trabalhar em publicações acadêmicas, como livros sobre História e periódicos científicos, em livros didáticos ou em jornais e revistas. Assim, conhecer bem o campo e as técnicas historiográficas, bem como ter determinada especialidade em um tema, pode auxiliar o profissional a estar capacitado para contribuir com sugestões, críticas e adições para o autor e seu texto.

Além disso, explicamos que a consultoria histórica é uma forma de trabalho que pode ser comissionada por órgãos do governo, museus, arquivos, laboratórios de pesquisa, produções audiovisuais e diferentes publicações. Para isso, muitas vezes, faz-se necessário ter flexibilidade de horários para ações de curta e média duração. Mesmo pessoas físicas podem contratar historiadores, principalmente os que tenham conhecimento na área de biografia genealógica. Conhecimentos sobre novas teorias, princípios e técnicas são essenciais para os que se interessam em trabalhar com a área. Os principais requisitos do trabalho envolvem o conhecimento das ferramentas de análise histórica, bem como a capacidade de organização para trabalhar com prazos e o entendimento das necessidades específicas.

O mercado do audiovisual brasileiro desenvolve produtos, como filmes de ficção, documentários, telenovelas e séries, baseados em conteúdos históricos. Parte dessa produção tem contratado profissionais especializados em pesquisas para subsidiar a criação de roteiros, cenários, figurinos e outros aspectos materiais do produto audiovisual. Com a ampliação geral do setor audiovisual nas últimas duas décadas, também têm crescido as oportunidades de trabalho para o historiador, ao mesmo tempo em que a descentralização territorial da produção possibilitou o desenvolvimento de centros de criação audiovisual fora do eixo Rio-São Paulo. Dessa forma, espera-se do profissional de história que ele tenha conhecimentos gerais sobre as culturas material e visual, sendo capaz de fornecer não apenas informações a respeito dos períodos históricos e de suas formações sociais, mas também, principalmente, sobre a visualidade, a iconografia e a produção material (objetos e suas relações com a sociedade). Entre os principais empregadores, estão as produtoras de filmes de ficção e documentário, os canais de televisão que produzem teledramaturgia e as editoras de materiais didáticos.

Indicações culturais

O NOME da rosa. Direção: Jean-Jacques Annaud. Itália/França/Alemanha: 20th Century Fox Film Corporation, 1986. 131 min.

Um monge franciscano, no início do século XIV, investiga uma série de mortes misteriosas em um mosteiro italiano, em meio a uma disputa teológica entre franciscanos e dominicanos, sobre diversos princípios da Igreja Católica. Baseado no romance homônimo de Umberto Eco, o filme apresenta uma minuciosa reconstituição de época, sob orientação do historiador francês Jacques Le Goff.

O MESTRE dos gênios. Direção: Michael Grandage. EUA/Reino Unido: Company Desert Wolf Productions, 2016. 104 min.

Esse filme conta a história de Maxwell Perkins, editor nova-iorquino que publicou obras de grandes escritores, como Thomas Wolfe, Ernest Hemingway e Francis Scott Fitzgerald, transformando manuscritos em livros de grande sucesso. Nos embates entre escritores e o editor, a narrativa apresenta questões fundamentais do trabalho editorial.

FONSECA, R. **Vastas emoções e pensamentos imperfeitos.**
São Paulo: Companhia das Letras, 1988.

O romance narra a história de um cineasta envolvido em uma trama de contrabandistas internacionais de joias que o conduz a uma viagem para Berlim, onde descobre um manuscrito raro (e nunca publicado) do escritor soviético Isaac Babel e decide roubar o documento. Essa narrativa de suspense é considerada uma das mais "cinematográficas" do mais renomado escritor brasileiro de romance policial.

CARVALHO, L. F. **Pedra do reino**: estojo ilustrado com 5 cadernos de filmagens + diário de elenco e equipe. Rio de Janeiro: Globo, 2007.

Material de trabalho composto do roteiro com manuscritos e uma série de depoimentos da equipe de realização da minissérie televisiva Pedra do Reino, baseada no livro de Ariano Suassuna, *Romance d'A Pedra do Reino e o Príncipe do Sangue do Vai-e-Volta*, publicado em 1971. Nos cadernos de filmagem, é possível acompanhar o trabalho de adaptação da obra literária em produto audiovisual.

ANCINE – AGÊNCIA NACIONAL DO CINEMA. **OCA – Observatório brasileiro do cinema e do audiovisual**. Disponível em: <https://oca.ancine.gov.br/>. Acesso em: 2 dez. 2020.

O Observatório Brasileiro do Cinema e do Audiovisual (OCA) é uma plataforma da Ancine responsável por produzir e divulgar pesquisas e dados estatísticos sobre a produção cinematográfica brasileira. Por meio das informações apresentadas no *site*, é possível ter uma noção do mercado de trabalho audiovisual por região e estado, bem como acompanhar o crescimento do setor e o surgimento de novas oportunidades.

RÁDIO Companhia #15 – Editando o livro, com Julia Bussius e Marcelo Ferroni, jun. 2017, 54 min. Podcast. Disponível em: <https://www.blogdacompanhia.com.br/conteudos/visualizar/Radio-Companhia-15-Editando-o-livro>. Acesso em: 2 dez. 2020.

Nesse episódio do *podcast* da Editora Companhia das Letras, Elisa Braga conversa com dois profissionais do mercado editorial, Julia Bussius e Marcelo Ferroni, sobre o percurso de produção dos livros, desde a escolha dos originais, a preparação do texto e os diversos aspectos técnicos que compõem o livro, como a capa e a editoração, até a divulgação e o lançamento. Embora não seja um trabalho específico para historiadores, Julia Bussius é formada em História pela USP.

Atividades de autoavaliação

1. Assinale a alternativa correta:
   a) O trabalho de consultoria na área de história é sempre realizado por meio de contratos de longo prazo e com pouca flexibilidade quanto aos horários.
   b) A atividade de consultoria histórica, em razão de seu caráter temporário, dispensa o uso do método histórico na pesquisa e na avaliação dos resultados.
   c) Na atividade de consultoria histórica, é necessário que o historiador tenha uma visão ampla do campo, e nesse sentido os especialistas raramente são requisitados.
   d) O historiador pode atuar como consultor em diferentes espaços, como órgãos do governo, museus, arquivos, laboratórios de pesquisa, diferentes publicações e mesmo em produções audiovisuais.

e) O trabalho de consultoria histórica é bastante flexível e bem remunerado, mas se restringe, especialmente, a serviços para organismos estatais.

2. Assinale a alternativa correta:
   a) No campo editorial, o trabalho do historiador se restringe à edição de livros didáticos de História.
   b) Uma das possíveis áreas de atuação do historiador no mercado editorial é a edição de periódicos acadêmicos.
   c) Nos trabalhos de curadoria e comentário de publicações de cunho documental, espera-se que o historiador elabore ele mesmo os textos que serão apresentados como documentos ou textos clássicos.
   d) No caso de edições históricas comentadas, a tarefa específica do historiador é selecionar jornalistas que possam elaborar os comentários.
   e) O profissional de história só pode participar do mercado editorial como escritor, sendo vedado, por lei, o trabalho como editor.

3. Avalie as assertivas a seguir e indique V para as verdadeiras e F para as falsas.
   ( ) Quando um historiador é chamado a prestar consultoria a filmes ou novelas de época, é desejável que seja especialista no período histórico retratado no audiovisual.
   ( ) As produções de audiovisuais de alto custo, como os filmes de Hollywood, nunca contêm erros históricos porque contam com a consultoria de historiadores especializados.
   ( ) O filme *O nome da rosa* é um bom exemplo de como a consultoria a especialistas em história é importante para a recriação de ambientes históricos verossímeis.

( ) A criação da Ancine, em 2001, representou um importante marco nas políticas públicas de incentivo à produção audiovisual no Brasil.

( ) O principal trabalho do historiador no mercado audiovisual é como roteirista de filmes históricos.

Agora, assinale a alternativa que apresenta a sequência obtida:

a) V, F, F, V, V.
b) F, V, V, V, F.
c) F, F, V, F, V.
d) V, F, V, V, F.
e) V, V, F, F, F.

4. Analise as afirmações a seguir e, na sequência, assinale a alternativa correta:

I) Historiadores podem trabalhar diretamente em produções audiovisuais em produtoras de filmes de ficção e documentários, em canais de televisão que produzem teledramaturgia e em produtoras de vídeos didáticos.

II) Em audiovisuais representando épocas passadas, o historiador pode atuar como consultor do roteirista, de modo que a produção possa reduzir a possibilidade de anacronismos.

a) Somente a afirmação I está correta.
b) Somente a afirmação II está correta.
c) As afirmações I e II estão corretas.
d) Nenhuma das afirmações está correta.
e) As duas afirmações estão parcialmente corretas.

5. Leia o texto a seguir e, na sequência, assinale a alternativa correta:

Há três diferentes campos de trabalho com audiovisual: as produtoras de filmes de ficção e documentários, os canais de televisão que produzem teledramaturgia e as produtoras de vídeos didáticos.

a) Nos três campos de trabalho, espera-se que o historiador seja um especialista em documentos escritos e em acervos impressos, para subsidiar os profissionais do audiovisual.
b) Na produção de vídeos didáticos, o historiador deve estar preparado para assumir o trabalho de diretor e, eventualmente, trabalhar como ator nesse tipo de produção.
c) Espera-se que o historiador que trabalhe com filmes ou telenovelas saiba realizar pesquisas no campo das culturas material e visual.
d) Para trabalhar em um canal de televisão, os historiadores devem ser exímios espectadores e conhecer diversas telenovelas.
e) Os historiadores que pretendem trabalhar com audiovisual devem começar assistindo à maioria de obras cinematográficas possíveis, especialmente filmes que venceram o Oscar.

Atividades de aprendizagem

Questões para reflexão

1. Em quais situações o historiador pode ser chamado a prestar consultoria? E por que muitas vezes essa atividade é de caráter provisório?

2. Quais são os principais campos de atuação de historiadores no mercado editorial? Cite um exemplo de atividade editorial na qual o historiador é mais qualificado do que profissionais de outras áreas, como letras, jornalismo ou ciência política.

3. Explique a importância do audiovisual para a produção de materiais didáticos de História.

Atividade aplicada: prática

1. Faça uma pesquisa sobre erros históricos em filmes e séries de televisão. Elabore uma lista apresentado dez erros em diferentes produções e explicando, em cada caso, em que consiste o erro. Em seguida, a partir desses exemplos, elabore um texto de uma página sobre a importância da consultoria histórica em produções audiovisuais.

Capítulo 4
Estrutura de um projeto de história

Vamos supor que você queira fazer mestrado ou doutorado em História, ou que uma instituição lhe encomendou uma pesquisa histórica, ou, então, que você vai exercer uma atividade de prestação de serviços, como organização de acervo histórico ou consultoria histórica. Em qualquer desses casos, você terá de elaborar um projeto explicando de forma sistemática o que pretende fazer e quais os meios que utilizará. Contudo, se você buscar modelos de projeto, constatará que há projetos de vários tipos, e em grande parte se trata de modelos genéricos, não contemplando as especificidades de um projeto de história.

Sob essa ótica, neste capítulo, apresentaremos dois padrões de projeto: o de pesquisa o de prestação de serviços. Embora existam elementos comuns na estrutura de ambos, trata-se de atividades de natureza diferente, relativas a contextos institucionais diversos, o que justifica sua apresentação de modo separado, ainda que em alguns momentos isso possa parecer redundante.

(4.1)
Projeto de pesquisa em história

A elaboração de um projeto de pesquisa em história, geralmente, é associada a contextos acadêmicos, como o de conclusão de cursos de graduação e de pós-graduação, os quais exigem a apresentação de uma monografia, dissertação ou tese, assim como o de solicitação de bolsas de pesquisa ou escrita de artigos para revistas científicas. Nesse sentido, o projeto representa uma etapa inicial da pesquisa, mas na qual o pesquisador já tenha definido claramente os objetivos que pretende alcançar e já tenha feito um levantamento preliminar das fontes. Em outras palavras, o projeto indica algo mais que uma mera carta de intenções, mas não é ainda uma pesquisa em andamento.

Você pode já ter ouvido falar em pré-projeto. Nesse caso, trata-se de um esboço preliminar e embrionário daquilo que será efetivamente o projeto de pesquisa. Há programas de pós-graduação que solicitam dos candidatos um pré-projeto, mas a estrutura é basicamente a mesma do projeto. Dessa forma, o pré-projeto serve como instrumento de avaliação e seleção dos candidatos, que, uma vez aprovados, vão desenvolver um projeto sob a supervisão de um orientador.

É importante ressaltar que o modelo que apresentamos aqui é mais detalhado que a média, bem como que muitos programas de pós-graduação ou institutos de pesquisa podem solicitar uma versão com menos itens ou, então, com itens que combinam os conteúdos de dois ou mais dos itens constantes em nosso modelo. Nesses casos, sempre siga o bom senso e elabore seu projeto de acordo com a estrutura que lhe for solicitada. Os itens e as explicações a seguir devem servir de roteiro e podem – e devem – ser adaptados a cada situação em particular.

O modelo que demonstramos a seguir traz explicações e exemplos sobre título, resumo, delimitação do tema, justificativa, balanço bibliográfico, problemática, hipóteses, objetivos, referencial teórico, tipologia das fontes, metodologia, cronograma e bibliografia. Se a instituição para a qual você for apresentar o projeto indicar um roteiro mais simples, faça o que lhe for solicitado, pois é sempre mais fácil condensar os itens do que desdobrá-los. Caso não exista a exigência de um roteiro preestabelecido, baseie-se no modelo a seguir e você terá condições de elaborar um projeto que contemple de modo suficiente a maioria das situações.

4.1.1 Título

Em um projeto, é essencial que o título expresse, de forma clara e concisa, o objeto de estudo e o recorte que o pesquisador pretende fazer. Se for, por exemplo, um projeto de pesquisa sobre a construção de moradias populares em São Paulo entre 1980 e 1985, é aconselhável que o título seja "A construção de moradias populares em São Paulo (1980-1985)". Assim, as pessoas que tomarão contato com o projeto saberão de imediato do que se trata.

É muito comum, nas ciências humanas, que o profissional queira imprimir um tom poético ao título de seu trabalho. Nesse caso, é de extrema importância que o título seja acompanhado de um subtítulo. No exemplo anterior, o pesquisador pode querer dar ao seu trabalho um título como "Levantando paredes e derrubando obstáculos", cujo conteúdo remete à pesquisa, mas não de forma direta. Sem um subtítulo claro, conciso e direto, o leitor desavisado pode pensar que se trata de uma obra de literatura ou de autoajuda. O título completo, então, poderia ficar assim: "Levantando paredes e derrubando obstáculos: a construção de moradias populares em São Paulo (1980-1985)".

Além disso, é preciso levar em conta que o que entendemos por *poético* é muito subjetivo. O que para uns é literário, para outros pode soar cafona, e por isso o título tem de ser pensado com muito cuidado. Nosso conselho é que, na fase do projeto, você crie um título claro e direto e, somente mais tarde, quando da publicação da pesquisa, opte (ou não) por um título diferente. Uma editora pode ajudá-lo a criar um título mais chamativo. Mesmo que você não faça uma pesquisa de *marketing* para a escolha do título do produto final de seu trabalho, com o tempo surgirão ideias que você poderá partilhar com colegas ou com representantes de instituições financiadoras. Com o *feedback* contínuo, o título pode ser aprimorado ao longo da realização da pesquisa ou da prestação de serviços. Assim, não há qualquer necessidade de um título poético já na fase de apresentação do projeto.

4.1.2 Resumo

O resumo, também chamado de *abstract* (quando escrito em inglês), não é um item essencial ao projeto. Ele é importante para monografias, dissertações e teses, por exemplo, que são trabalhos mais extensos. Nesses casos, o leitor pode ter interesse em contar com mais informações sobre o trabalho além do título, mas não quer se dar ao trabalho de ler toda a introdução da obra. O resumo também é interessante porque pode ser disponibilizado em bancos de dados, tornando mais fácil o acesso da obra digitalmente. A maioria dos projetos, em razão da brevidade, não apresenta resumo. Mas é um item opcional para projetos longos, de mais de 20 páginas. Essa seção deve apresentar o objeto, o recorte espacial e temporal, a problemática, as hipóteses de trabalho e a metodologia em, no máximo, 20 linhas. Portanto, se você decidir escrever um resumo do projeto, procure ir direto ao assunto, não se perdendo em questões secundárias.

4.1.3 Delimitação do tema

Aqui você deve identificar e descrever o objeto da pesquisa ou prestação de serviços, respondendo a questões do tipo "o quê", "quem", "quando", "onde" e "como" (mas não "por quê", pois isso constituirá a problemática). Tenha em vista o leitor médio, uma pessoa inteligente, que não precisa do óbvio, mas que não tem necessariamente familiaridade com o assunto a ser trabalhado (pense em um professor de Antiguidade Oriental lendo um projeto sobre a história de Moçambique, por exemplo). Em muitos programas de pós-graduação, o processo seletivo é feito por uma banca de avaliadores sem a presença do orientador pretendido. Se você usar uma linguagem excessivamente técnica de determinada área, avaliadores de outras áreas poderão não compreender seu projeto e reprová-lo por causa disso. Pense que se você estiver escrevendo um projeto sobre história indígena, os avaliadores podem não ser especialistas na temática.

Na delimitação do tema, apresente o objeto de trabalho da maneira mais clara e direta possível. Se o objeto é a atuação de Giuseppe Garibaldi na Revolução Farroupilha, por exemplo, comece escrevendo sobre a atuação de Giuseppe Garibaldi na Revolução Farroupilha – sim, por mais óbvio que possa parecer, porque é muito comum fugir ao tema já nas linhas iniciais. Outros aspectos podem ser relevantes, como a participação desse personagem histórico no processo de unificação da Itália ou seu ingresso na marinha uruguaia. O estudo desse objeto envolve ainda outros temas, como a complexa luta política do período regencial, a imigração italiana no Brasil, o comércio no Brasil no século XIX etc., e tudo isso pode constar no projeto, mas jamais ocupar o primeiro plano. Em outras palavras, comece a delimitação do tema com o objeto específico da pesquisa, amplie a discussão à medida que isso for relevante e feche esse item voltando ao objeto específico da pesquisa. Isso pode parecer muito claro, mas há inúmeros projetos que têm início apresentando o referencial teórico ou discutindo tendências historiográficas, deixando o leitor, por várias páginas, sem saber ao certo qual é o objeto. Evite esse tipo de abordagem e, na delimitação do tema, vá direto ao assunto.

4.1.4 Justificativa

Se você está propondo uma atividade de pesquisa, é preciso justificar por que ela é importante e por qual razão vale a pena investir tempo, trabalho e recursos em sua realização. Se você se inscreveu em um edital, por exemplo, seu projeto concorrerá com outros, e se você conseguir argumentar convincentemente que sua proposta é acadêmica ou socialmente relevante, isso pode significar um critério de desempate a seu favor. Não basta usar uma justificativa vaga ou lançar mão de um clichê, escrevendo, por exemplo, que o resultado final será útil ou relevante ou que preenche uma lacuna nos estudos na área em que se situa. É preciso explicar o que há de útil ou importante no resultado pretendido ou que lacuna é essa que será preenchida.

Muitas pessoas, frequentemente, confundem a justificativa com a descrição dos objetivos do projeto, e há uma razão para isso. Um projeto de pesquisa sobre um movimento social pouco estudado pode ter como objetivo um aprofundamento no conhecimento desse grupo, com a justificativa, justamente, de que se conhece muito pouco sobre esse objeto. Como você pode perceber, há certa sobreposição entre a justificativa e os objetivos. Mas é importante reduzir essa redundância tanto quanto possível. Na justificativa, você deve explicar por que escolheu determinado tema e abordagem e qual é a relevância da proposta para o campo de estudos.

4.1.5 Balanço bibliográfico

O balanço bibliográfico, também chamado de *revisão da literatura* ou *estado da arte*, corresponde à parte destinada a apresentar os principais estudos relacionados ao objeto ou tema central do projeto. Tais estudos podem ser livros publicados, artigos, monografias, teses e dissertações, por exemplo. O balanço bibliográfico cumpre várias funções, das quais podemos destacar duas: (1) ele situa o objeto em um amplo quadro de referências, de modo que o leitor possa compreender melhor com quais estudos o projeto dialoga e quais avanços ele propõe em relação ao que já foi produzido naquele campo de estudos; (2) ele serve como evidência de que o autor do projeto apresenta domínio do assunto e que, portanto, tem competência para o desenvolvimento da proposta.

Um balanço bibliográfico não precisa ser necessariamente exaustivo. O historiador estadunidense Russel Jacoby (1992, p. 405, tradução nossa), por exemplo, comenta que "em um único ano (1987) foram publicados 215 artigos sobre John Milton, 132 sobre Henry James e 554 sobre William Shakespeare". No Brasil, ainda não alcançamos esse nível de superprodução acadêmica, mas em um levantamento de obras sobre temas bastante estudados, como a independência do Brasil ou o governo Vargas, podemos nos deparar com centenas de publicações. Incluir tudo isso em um projeto seria, ao mesmo tempo, impossível e desnecessário.

No projeto, identifique os principais estudos acadêmicos sobre o objeto que você vai pesquisar, dedicando ao menos um parágrafo a cada um deles. *Quanto é muito e quanto é pouco?*, você pode estar se perguntando. Essa é uma questão difícil de responder, pois pode variar bastante, dependendo do tema ou do objeto e dos objetivos do projeto. Mas, via de regra, não liste mais de dez trabalhos. Um número maior do que esse pode deixar o leitor não especialista confuso e dar a impressão de exibicionismo, como se seu objetivo principal fosse o de mostrar erudição, e não o de instruir o leitor. Certamente, há avaliadores que valorizam o exibicionismo intelectual, mas parta sempre do princípio de que seu trabalho será avaliado por profissionais competentes, capazes de discernir um levantamento bibliográfico bem fundamentado de uma erudição vazia.

Evite também listar menos de quatro trabalhos. Duas referências, além de ser muito pouco, remetem a uma relação de oposição, mesmo que essa não seja sua intenção. Três referências remetem a uma relação dialética. Com quatro ou mais, você pode ter mais domínio sobre o tipo de relações que pretende estabelecer entre as obras citadas. Assim, eleja pelo menos quatro entradas diretamente pertinentes ao tema de pesquisa. Se seu objeto é o consumo de milho em Taubaté nos anos 1980, identifique trabalhos sobre o consumo de milho em Taubaté nos anos 1980. Se não houver nenhum estudo tão específico, só então tome algo mais geral, como o consumo de cereais no Vale do Paraíba nas últimas décadas do século XX. Entretanto, logo no início, faça um trabalho de pesquisa sério e exaustivo nesse sentido, pois, do contrário, no meio da pesquisa, você poderá descobrir um trabalho que já fez o que você pretende fazer ou, pior, um avaliador (membro de banca, por exemplo) pode citar um estudo importante e imprescindível que você simplesmente desconhece. Em seguida, indique um aspecto não explorado nesses estudos, o qual você, com sua proposta, pretende explorar. Desse modo, você evidenciará melhor a originalidade de seu projeto.

A historiadora Célia Azevedo faz observações dignas de nota em relação ao balanço bibliográfico:

> *O Balanço Bibliográfico deve mostrar que o conhecimento acumulado por você sobre o assunto lhe permitirá pisar em terreno seguro no momento da pesquisa. Por isso mesmo, dispensem-se citações e referências impressionistas a autores do tipo, 'fulano em seu brilhante estudo', 'sicrano em seu excelente artigo'. Se você considera um estudo excelente e brilhante, é melhor que em vez de adjetivá-lo, demonstre ao longo do texto por que, e em que aspecto, ele é tão importante para esta área de estudos. Os elogios a autores nada dizem se tiverem como única função preencher o espaço na página, e muito menos se os membros da banca examinadora de uma seleção estiverem entre os autores elogiados. Não há nada pior do que passar uma impressão de subserviência, sobretudo quando se trata de um*

projeto de pesquisa científica e que visa construir uma carreira intelectual. (Azevedo, 1996, p. 108)

Ainda sobre o balanço bibliográfico, é importante mencionar que não é sinônimo de bibliografia comentada. Não basta, no projeto, escrever um parágrafo resumindo o conteúdo de cada obra referenciada. É preciso destacar de que forma o item se relaciona com a proposta do projeto e em que ele contribui para a elucidação da problemática. Se você tiver críticas ou ressalvas ao texto referenciado, desenvolva-as de forma bem fundamentada. Se os estudos referenciados apresentam visões ou abordagens diferentes acerca de seu objeto de estudo ou de trabalho, explicite essas divergências e desenvolva um argumento, sempre em congruência com a problemática e os objetivos que você apresentar no projeto.

4.1.6 PROBLEMÁTICA

No início dos anos 1980, o historiador francês François Furet publicou uma obra intitulada *A oficina da história*, na qual discutiu, entre outras coisas, uma mudança de paradigma nos estudos históricos no século XX. Enquanto a historiografia do século XIX enfatizava a construção de narrativas de tipo descritivo, os historiadores do século XX priorizariam uma "história-problema", isto é, a busca de soluções a problemas previamente colocados pela documentação (Furet, [S.d.]). O filósofo estadunidense John Dewey (1974), ao discorrer sobre o método científico, também afirmou a necessidade de uma problematização do objeto de estudo como etapa inicial de um processo de investigação. Produzir ciência, segundo o autor, é resolver problemas, buscar soluções que tornem congruentes as situações incongruentes (Dewey, 1974).

A problemática, portanto, deve poder ser expressa na forma de uma pergunta, tendo em vista a solução de uma situação incongruente. Segundo Franz V. Rudio (1986, p. 75), "formular o problema consiste em dizer, de maneira explícita, clara, compreensível e operacional, qual a dificuldade com a qual nos defrontamos e pretendemos resolver, limitando o campo e apresentando suas características". Tomemos um exemplo: há uma opinião de senso comum segundo a qual a Lei Saraiva Cotegipe, também conhecida como *Lei dos Sexagenários*, de 1885, beneficiava mais os donos de escravos do que os próprios escravos. O argumento seria de que a lei, ao declarar livres os escravos com mais de 65 anos, desobrigaria os donos de escravos de cuidar de cativos idosos e pouco produtivos. No entanto, a documentação indica que a lei enfrentou resistência na Assembleia Nacional, principalmente entre os deputados que defendiam os interesses dos latifundiários proprietários de escravos. Aqui, portanto, podemos identificar uma situação incongruente, que poderia constituir uma problemática de pesquisa: Se a lei beneficiava os donos de escravos, por que os deputados que representavam os donos de escravos se opuseram a ela?

Em uma atividade de pesquisa, a problematização é um elemento essencial, pois é ela que indica os avanços que podem ser feitos no campo de estudos no qual o projeto atua. Uma problemática bem colocada pode fazer a diferença entre uma boa e uma má pesquisa, e por isso não é algo que deve ser feito às pressas. Muitas vezes, o problema surge na forma de um *insight* depois de muita leitura e de um contato aprofundado com as fontes primárias. Devemos lembrar que o projeto, embora constitua a etapa inicial de uma pesquisa, pressupõe que o pesquisador já dispõe de algum material e já fez o fichamento de grande parte deste.

4.1.7 Hipóteses

Um equívoco aparentemente óbvio, mas que muitos pesquisadores cometem, é o de dar uma solução ao problema já no projeto de pesquisa. Ora, se o problema já tem solução, a pesquisa torna-se desnecessária! No projeto, o importante é argumentar que a problemática proposta pode ser resolvida e que você tem meios para tal, desde que conte com os recursos necessários.

Uma vez definida a problemática, o passo seguinte é a formulação de hipóteses, soluções provisórias que precisam, ainda, ser submetidas a teste para se tornarem soluções de fato. Nesse sentido, a hipótese tem de ser corroborável, ou seja, passível de verificação empírica. Além disso, ela deve apresentar certo grau de generalidade, de modo a poder ser aplicada a um conjunto de fenômenos observados. Os historiadores Ciro F. Cardoso e Hector P. Brignoli (1983, p. 432) esclarecem essa questão lançando mão de um exemplo: "a tendência dos preços, na França do século XVIII, é de alta secular. Este enunciado geral só pode ser verificado mediante uma série de enunciados particulares de conteúdo empírico: o preço do trigo em tal ou qual cidade, o preço da carne nesta ou naquela região etc.". "Cumpre sublinhar", continuam os autores, "que qualquer hipótese é uma *abstração*, uma *construção mental*, que se verifica ou não, com os dados da evidência empírica, porém que de modo algum pode ser identificada com eles" (Cardoso; Brignoli, 1983, p. 433, grifos do original). Os processos cognitivos por meio dos quais o intelecto humano constrói hipóteses são ainda objeto de muita especulação e poucas certezas. De qualquer forma, a formulação hipóteses é fundamental para que possamos alcançar a solução de problemas de pesquisa.

4.1.8 Objetivos

Os objetivos de uma pesquisa constituem elementos estreitamente associados à problemática e às hipóteses. De modo bastante simples, podemos dizer que, em uma pesquisa, os objetivos consistem, basicamente, em verificar a validade das hipóteses e dar uma solução à problemática.

Muitos projetos de pesquisa propõem vários objetivos gerais. Embora essa maneira de proceder seja perfeitamente aceitável, nossa sugestão é que o projeto apresente um único objetivo geral, que consiste em dar uma solução à problemática, no caso de uma pesquisa, ou oferecer um serviço ou produto, no caso de prestação de serviços. Um dos maiores desafios de um projeto refere-se a manter o foco durante todo o período de sua realização, e se uma pesquisa ou prestação de serviços perseguir diversos objetivos ao mesmo tempo, será grande o risco de que o profissional perca o controle sobre seu trabalho.

Além do objetivo geral, também é interessante listar objetivos específicos, aqueles que visam responder a questões subordinadas à problemática central ou que lidam com questões de fundo ou de ordem operacional. O foco do projeto é garantido pelo objetivo geral, ao passo que os objetivos específicos indicam, via de regra, as etapas para alcançar o resultado pretendido.

Tomemos um exemplo concreto: os objetivos de um projeto de mestrado apresentado ao programa de pós-graduação em História na Universidade Estadual de Campinas (Unicamp), versando sobre as formas de transição do trabalho escravo ao trabalho livre no Brasil, com foco na lei de locação de serviços de 1879. Maria Lúcia Lamounier, a autora do projeto, assim apresenta o objetivo geral: "de uma forma mais geral, interessa-nos entender a forma através da qual se estrutura e organiza o mercado de trabalho livre no Brasil" (Lamounier, 1986,

p. 302). Um pouco mais adiante, ela explicita os objetivos específicos com a seguinte formulação:

> De uma forma mais específica, tentaremos perceber o conteúdo, significado e implicações das leis de locação de serviços, e mais uma vez especialmente a de 1879, suas relações com a Lei do Ventre Livre, e com os movimentos de tensão entre colonos e fazendeiros, movimentos reivindicatórios e/ ou grevistas ocorridos nos anos anteriores. (Lamounier, 1986, p. 302)

Como podemos perceber, ela sugere como objetivo geral algo amplo e ambicioso, mas nos objetivos específicos ela dá indicações das etapas a serem trabalhadas para alcançá-lo. Em seus projetos, procure fazer o mesmo.

4.1.9 Referencial teórico

Tanto o balanço bibliográfico quanto o referencial teórico apresentam um mapeamento de autores e obras importantes para a pesquisa, mas é importante não confundir um com o outro. O balanço bibliográfico serve para identificar o estado da arte em relação ao **objeto** ou ao **assunto** a ser trabalhado na pesquisa. Já o referencial teórico indica **conceitos** e **modelos** que permitem pensar o objeto de determinada maneira, independentemente do recorte espacial e temporal que você esteja utilizando. O conceito de cultura em Clifford Geertz, por exemplo, é usado por Natalie Davis para pensar a França na Idade Moderna, embora os balineses contemporâneos de que trata Geertz tenham muito pouco a ver com os franceses dos séculos XVI e XVII (Geertz, 1989; Davis,1987). Em outras palavras, o conceito geertziano de cultura serve de referencial teórico para Davis, mas, por não tratar do objeto de estudo dessa historiadora, não faria parte do balanço bibliográfico de sua pesquisa.

Tomemos outro exemplo: se você estiver desenvolvendo um estudo de história demográfica, certamente fará uso de conceitos como endogenia, coorte, taxa de natalidade, intervalo intergenésico etc., que são característicos dessa área. Para isso, provavelmente se remeterá a algum teórico da demografia, como Robert Schoen ou Louis Henry (Schoen, 2019; Henry, 1988). Mas se seu objeto for a população de Macapá, nem Schoen nem Henry farão parte de seu levantamento bibliográfico, pois o primeiro estuda o uso de modelos matemáticos na demografia, o segundo desenvolveu um método de reconstituição de famílias aplicado a regiões da França, e nenhum tem qualquer publicação sobre a população macapaense. Em outras palavras, eles não tratam de seu objeto e, portanto, não podem fazer parte do balanço bibliográfico, mas fornecem conceitos e modelos que podem ser utilizados para nortear cientificamente sua pesquisa. São, por conseguinte, referenciais teóricos.

Tal como em relação ao balanço bibliográfico, é preciso ter comedimento ao apresentar os autores, as obras e os conceitos que farão parte de seu referencial teórico. Fazer uma longa lista de autores pode confundir não só o leitor, mas até você mesmo. Nosso conselho é que você identifique e discuta um teórico apenas e, a partir dele, explore um conjunto de conceitos pertinentes à pesquisa. Você pode citar outros, subordinando-os ao primeiro, mas trabalhar com várias teorias ao mesmo tempo é arriscar-se desnecessariamente a incorporar ambiguidades e conceitos incompatíveis entre si. Darnton e Chartier, por exemplo, tratando da mesma coisa (a leitura), na mesma época (século XVIII) e no mesmo lugar (França), com a mesma perspectiva (o simbólico), chegam a conclusões incompatíveis entre si em razão de sutis variações semânticas no uso da palavra *símbolo* (Bourdieu; Chartier; Darnton, 1985). Imagine, agora, querer juntar, por exemplo,

Bourdieu, Benjamin, Lacan, Lyotard, Said e Ranciére! Se sua intenção for a de impressionar os avaliadores de seu projeto, invista seu tempo e seu esforço no desenvolvimento de uma argumentação consistente, e não na elaboração de listas intermináveis de autores para justificar afirmações de senso comum.

4.1.10 TIPOLOGIA DAS FONTES

O trabalho de pesquisa empreendido pelo historiador poderia, de certo modo, ser comparado ao do artesão. Assim como um oleiro utiliza uma matéria-prima – o barro – para a produção de vasos e de outros objetos de cerâmica, também o historiador se serve de uma matéria-prima – as fontes históricas –, a partir das quais produz o conhecimento histórico, ou seja, a historiografia. Desse modo, as fontes históricas seriam os materiais que servem de evidência para sustentar a argumentação que o historiador busca desenvolver.

As fontes históricas, porém, não são todas do mesmo tipo: vestígios como documentos oficiais, notícias de jornal, cartas pessoais, moedas antigas, restos arqueológicos, livros, depoimentos pessoais, vídeos, músicas, etc., tudo isso pode servir de fonte à pesquisa historiográfica, dependendo do objeto pesquisado e do tipo de trabalho desenvolvido pelo historiador. Nesse sentido, as fontes podem ser classificadas de diversas maneiras, tais como fontes materiais, escritas, iconográficas e orais.

As **fontes materiais** são, geralmente, objetos antigos, que nos dão uma ideia de como viviam as pessoas de determinada sociedade do passado. Uma latrina romana antiga, por exemplo, revela-nos que o sistema de saneamento e esgoto naquela sociedade era bastante eficiente em comparação com outros povos na mesma época. Já as

fontes escritas são textos manuscritos ou impressos que sobreviveram à ação do tempo: documentos oficiais, livros, cartas, pergaminhos, papiros, marcas em tábuas de barro ou inscrições em templos de pedra são exemplos desse tipo de vestígio. As **fontes iconográficas** são desenhos, gravuras ou obras de arte do passado. Uma pintura italiana do século XV, por exemplo, pode revelar muito acerca da cultura europeia na época do renascimento, mas, para tanto, temos de aprender a retirar da imagem informações pertinentes à pesquisa. Por fim, **fontes orais** são relatos ou testemunhos de pessoas mais velhas, que viveram no período estudado pelo historiador.

Ao apresentar no projeto a tipologia das fontes, você deve comentar sobre que tipos elas serão utilizadas (documentos oficiais, periódicos, fotografias, relatos orais) e sua relevância para a pesquisa. Um mesmo objeto pode ser trazido do passado por meio de fontes diversas. Para estudar o movimento das Diretas Já, podemos nos valer de notícias de jornal, fotografias, relatos de pessoas que estiveram presentes nas manifestações, correspondências, documentos oficiais, reportagens de televisão, panfletos, crônicas, artefatos (*buttons*, camisetas etc.).

Por vezes, um objeto pode ser percebido de maneira diferenciada se o autor utilizar fontes diferentes das tradicionais. Ronald Raminelli, por exemplo, estuda os indígenas na América Portuguesa priorizando não os registros escritos, mas as imagens, e dessa forma traz uma contribuição nova a esse campo de estudos. Em *O queijo e os vermes*, Ginzburg, pelo contrário, utiliza uma fonte tradicional (documentos da inquisição), mas faz uma leitura inovadora. Isso tudo tem de estar explicitado no comentário sobre a tipologia das fontes.

Mesmo que você pretenda dar conta de todos os tipos de fonte disponíveis, você deverá priorizar algumas. Isso precisa ser justificado de alguma forma, e você deve ter consciência do impacto que terá na pesquisa. Em outras palavras, não se trata somente de fazer uma lista. Portanto, deixe isso para o item final, as referências bibliográficas. Neste item, de fato, o mais importante é explicar que tipos de fonte sua pesquisa priorizará, onde e como pretende obtê-las e que tratamento você dará a elas.

4.1.11 METODOLOGIA

O termo *metodologia* tem sua origem etimológica no grego por meio da junção das palavras *meta* (em seguida) e *hodos* (caminho) e significa, portanto, o caminho a ser seguido ou os procedimentos a serem desenvolvidos em uma investigação científica. De acordo com o filósofo Nicola Abbagnano (2007, p. 669):

> Com o nome de Metodologia, hoje é frequentemente indicado o conjunto de procedimentos técnicos de averiguação ou verificação à disposição de determinada disciplina ou grupo de disciplinas. Nesse sentido fala-se, por exemplo, de "Metodologia das ciências naturais" ou de "Metodologia historiográfica". Nesse aspecto, a Metodologia é elaborada no interior de uma disciplina científica ou de um grupo de disciplinas e não tem outro objetivo além de garantir às disciplinas em questão o uso cada vez mais eficaz das técnicas de procedimento de que dispõem.

Em um projeto de pesquisa, explique os procedimentos a serem adotados, tais como visitas a arquivos, manuseio de documentos, fichamento de textos, crítica interna e externa das fontes (explicando o modo como essa crítica será feita), além dos métodos e das técnicas a serem empregados para a verificação das hipóteses. Por vezes, a pesquisa se desenvolve no âmbito exclusivo de uma discussão bibliográfica, sem visita a arquivos nem nada parecido, com pouca atividade prática e muita atividade intelectual. Não importa! Você deve ter em vista as etapas da pesquisa e as atividades que desenvolverá em cada uma delas. Logo, não basta dizer que vai ler uma porção de livros e escrever sobre o que entendeu.

4.1.12 Cronograma

O cronograma consiste em uma lista estruturada das atividades que serão desenvolvidas ao longo do projeto, indicando o tempo estimado de duração de cada uma de suas fases. Em um projeto de pesquisa, ele pode ser apresentado de forma simples, como um quadro ou uma lista de tópicos, desde que expresse de forma clara, suficiente e persuasiva as informações necessárias e a viabilidade de realização do projeto no prazo proposto. Observe, no Quadro 4.1, um exemplo de cronograma simplificado, extraído de um projeto de iniciação científica:

Quadro 4.1 Cronograma simplificado

Atividades	Tempo de execução											
	2015					2016						
	Ago	Set	Out	Nov	Dez	Jan	Fev	Mar	Abr	Mai	Jun	Jul
Leitura da bibliografia e elaboração de resumos	■	■	■	■	■	■	■	■	■	■	■	
Visionamento do material audiovisual	■	■										■
Confecção de fichas de análise de conteúdo do filme			■				■	■	■			
Visita ao arquivo da Cinemateca Brasileira			■									
Elaboração do relatório parcial						■						
Elaboração do relatório final											■	
Produção de artigo científico para publicação nos anais do SIICUSP												■

Fonte: Silva, 2015, p. 3.

José Antonio Vasconcelos e Maurício Cardoso

Se seu projeto de pesquisa for submetido a um processo seletivo, como o de ingresso a um programa de pós-graduação ou de seleção de bolsas de estudo, é interessante elaborá-lo na forma de tópicos, de modo que, em cada um, você possa apresentar as etapas de forma um pouco mais detalhada e, assim, evidenciar que a realização do projeto é viável no prazo estipulado. Contudo, mesmo nesse caso, lembre-se de que o cronograma deve ser breve e claro. O mais importante são as etapas e os prazos, e não a argumentação.

4.1.13 BIBLIOGRAFIA

Em um trabalho acadêmico, como uma monografia, dissertação ou tese, é fundamental que você inclua na lista de referências bibliográficas a totalidade de documentos e obras que você utilizou, mesmo aquelas cujo uso foi incidental ou indireto. Você pode dividir a lista em categorias, como "Fontes", "Obras de caráter teórico-metodológico", "Obras sobre o tema" e "Obras de caráter geral". Você também pode dividir a bibliografia em "Bibliografia geral" (livros teóricos, metodológicos e historiográficos) e "Artigos de periódicos". Enfim, são inúmeras as possibilidades.

Em um projeto de pesquisa, porém, é interessante reduzir a bibliografia aos itens mais pertinentes ao trabalho a ser desenvolvido. Isso porque o projeto será objeto de avaliação, e é importante que o avaliador saiba identificar com agilidade as referências bibliográficas mais relevantes para o plano de trabalho. De qualquer modo, em um projeto de história, é essencial que você estabeleça uma categoria separada para as fontes primárias, ou seja, aquelas produzidas na época em que o fato histórico ocorreu e, em especial, por alguém que viveu a situação à qual a fonte faz referência. Cartas, atas, notícias de jornal, registros cartoriais etc. são exemplos de fontes primárias.

Além disso, não deixe de incluir na bibliografia as obras citadas ao longo do projeto. É bastante grave quando o leitor busca mais detalhes sobre uma citação e não encontra a referência completa ao final. O item "Bibliografia" ou "Referências bibliográficas" é tão somente uma lista de documentos e obras que foram consultados e que são pertinentes à pesquisa ou prestação de serviços. Se você sentir necessidade de explicá-las, faça isso no item "Tipologia das fontes", e não aqui. Existem normas específicas para a padronização de referências bibliográficas, estabelecidas pela Associação Brasileira de Normas Técnicas (ABNT). Se não souber como fazê-las ou se tiver qualquer dúvida, não deixe de consultar um manual de normas para a apresentação de trabalhos acadêmicos[1].

(4.2)
PROJETO DE PRESTAÇÃO DE SERVIÇOS

Embora uma atividade de pesquisa possa também ser considerada uma prestação de serviços, principalmente se for encomendada, neste item apresentamos uma estrutura de projeto mais adequada a situações que remetam a contextos não acadêmicos, como a montagem de uma exposição, a organização de um acervo documental, a produção de um audiovisual ou a edição de um livro de História, entre outras possibilidades.

Do ponto de vista da teoria da administração, é preciso lidar com uma ambiguidade inicial. De acordo com Pedro Roque Giehl et al. (2015, p. 76), na obra *Elaboração de projetos sociais*, "os projetos

---

1 *Um manual extenso, on-line e gratuito, intitulado "Diretrizes para apresentação de dissertações e teses da USP", pode ser obtido no seguinte endereço na internet: <http://www.livrosabertos.sibi.usp.br/portaldelivrosUSP/catalog/book/459>. Acesso em: 2 dez. 2020.*

não se iniciam com sua elaboração nem terminam com o encerramento das ações previstas por eles". Portanto, trata-se de uma concepção que compreende o projeto como uma totalidade que envolve a identificação de problemas, planejamento, execução e avaliação dos resultados. Embora essa seja uma compreensão aceitável e, de certa forma, comum na área de gerenciamento de projetos, optamos por nos remeter somente à etapa do planejamento ao usarmos o termo *projeto*. A realização completa do projeto, da ideia inicial até sua efetivação, pode ser expressa de modo mais adequado pela palavra *empreendimento* ou pela expressão *execução do projeto*. Desse modo, evitamos a ambiguidade do termo *projeto* e ganhamos foco na descrição do roteiro de planejamento que desenvolveremos a seguir.

Ainda sob a ótica da teoria da administração, os projetos podem se enquadrar em três categorias: de pesquisa, de financiamento e de investimento. Segundo Consalter (2012, p. 41), o **projeto de pesquisa** "tem sua elaboração voltada para a solução de problemas e para descobrir respostas para determinadas questões por meio de métodos científicos". Já o **projeto de financiamento** é aquele "elaborado para atender as exigências de instituições financiadoras, como bancos de investimentos e/ou órgãos que concedem financiamento ou incentivos em nível federal, regional, estadual ou municipal" (Consalter, 2012, p. 45-46). Finalmente, o **projeto de investimento** é aquele relativo a "um desembolso elaborado para gerar um fluxo de benefícios futuros durante um determinado horizonte de planejamento" (Consalter, 2012, p. 47). Quando usamos a expressão *projeto de prestação de serviços*, estamos nos referindo a um modelo que exclui a primeira categoria, mas pode englobar tanto a segunda quanto a terceira.

Como se trata de um roteiro bastante geral, não estabelecemos uma diferença entre projetos que visam à prestação de serviços e aqueles voltados à realização e a um produto final. A razão disso é que partimos do pressuposto de que um projeto na área de história sempre pressupõe uma atividade de prestação de serviços, ainda que seja orientado para um produto. Um trabalho de edição de um livro didático de História, por exemplo, tem como escopo a publicação do livro, que é o produto final. Mas as etapas do projeto são inteiramente relacionadas a uma atividade de prestação de serviços.

Feitas essas observações, apresentaremos um roteiro de projeto cujos itens podem ser agrupados em cinco áreas: apresentação; aspectos teóricos; quadro de metas; aspectos operativos; e itens complementares. No roteiro que propomos aqui, seguimos de perto o modelo delineado por Luís Stephanou, Lúcia Müller e Isabel Carvalho (2003), em sua obra *Guia para elaboração de projetos sociais*. Adaptamos esse modelo de modo a torná-lo mais didático e operacional a um projeto de história, incorporando sugestões das obras *Metodologia de projetos*, de Heloísa Lück (2012), e *Elaboração de projetos*, de Maria Consalter (2012).

De acordo com Stephanou, Müller e Carvalho (2003), um bom projeto deve responder a seis questões: "Quem?", "O quê?", "Por quê?", "Como?", "Quando?", "Onde?" e "Quanto?":

> **Quem** identifica o proponente do projeto. **O que** consiste em definir objetivos e ações. **Por que** mobilizará a organização que elabora uma proposta para justificar aquele trabalho. **Como** se refere à metodologia. **Quando** e **Onde** dizem respeito ao tempo e ao espaço em que se desenvolverá o projeto. **Quanto**, por sua vez, tem relação com os recursos necessários para sua execução. (Stephanou; *Müller*; Carvalho, 2003, p. 43, grifos do original)

O projeto que propomos apresenta um número elevado de itens. Dois relativos à apresentação (título e apresentação do proponente); quatro relacionados aos aspectos teóricos (diagnóstico, justificativa, objetivos e público-alvo); um quadro analítico (definição de metas), relacionado a aspectos operativos (metodologia, equipe e parcerias, cronograma e orçamentos); e um item complementar (avaliação e monitoramento). Cada situação poderá exigir adaptações, mas acreditamos que é mais fácil simplificar um roteiro o mais completo possível, como esse modelo que apresentamos, do que desenvolver um projeto complexo a partir de um roteiro excessivamente simples.

4.2.1 Título

Para este item, em geral valem as mesmas observações que havíamos feito quanto ao projeto de pesquisa. O título deve ser objetivo, e é importante que deixe claro qual é o objeto da pesquisa. Pode ser desdobrado em título propriamente dito, que pode ter um caráter mais poético, e subtítulo, que precisa necessariamente esclarecer sobre o que o projeto trata.

Diferentemente do projeto de pesquisa, contudo, cujo leitor potencial mais provável é o orientador pretendido, uma parecerista ou uma banca de avaliação, o projeto de prestação de serviços se dirige a um público mais diversificado e deve conter um apelo mercadológico mais marcante. Em razão disso, é interessante que o título tenha origem em sessões de *brainstorm* com a equipe que desenvolverá o projeto ou que seja amplamente discutido com os clientes e patrocinadores.

4.2.2 Apresentação do proponente

Em um projeto de prestação de serviços, é necessário identificar quem elaborou a proposta e quem a executará. Pode ser um profissional autônomo, uma empresa especializada no desenvolvimento de projetos de história ou uma equipe dentro da própria organização, entre outras configurações possíveis.

Na identificação do proponente, é preciso apresentar o nome do responsável, que pode ser o de um profissional ou do chefe de uma equipe ou da organização, em se tratando de empresa prestadora de serviços. Na identificação, devem constar, ainda, os dados de contato, como endereço, telefone e e-mail, além do registro jurídico (CNPJ), se for o caso.

Além dos dados de identificação, é importante que a apresentação do proponente inclua dados de qualificação, isto é, uma breve lista descritiva das atividades já realizadas pelo profissional, pela equipe ou pela organização. A apresentação da qualificação não deve ser extensa, pois não se trata de tecer autoelogios, mas sim de comprovar experiência na área de trabalho, indicando referências e dando mais garantias ao cliente para a contratação dos serviços.

Há situações em que o proponente, isto é, a pessoa, a equipe ou a organização que propõe o projeto não é a mesma que o executa. Imagine que você elabore um projeto de curadoria de uma exposição de artefatos de um sítio arqueológico, mas não possua infraestrutura para cuidar de aspectos como a logística do material ou o transporte e a alimentação dos membros da equipe ou da organização do espaço em que será realizada a exposição. Nesse caso, você terá de terceirizar essas atividades, e a empresa responsável pela execução dessas etapas do projeto também deve constar na apresentação do proponente. Ainda que não seja ela que apresente o projeto, é necessário mencioná-la, de modo a evidenciar a viabilidade da proposta.

4.2.3 Diagnóstico

Todo projeto de prestação de serviços almeja a transformação de uma realidade em particular, visando seu aprimoramento. Dessa forma, sempre partimos do pressuposto de que essa realidade apresenta um problema ao qual o projeto pretende dar uma solução. Trata-se de algo análogo à problemática de um projeto de pesquisa, mas com algumas diferenças substanciais. Um projeto de pesquisa em história busca, geralmente, explicar aspectos incongruentes ou, ainda, mal compreendidos de um contexto histórico, ao passo que o diagnóstico – também chamado de *descrição da situação-problema* – tem um caráter predominantemente operacional. Não se trata tanto de explicar, mas sim de mudar elementos da realidade que é dada de antemão.

Imaginemos um arquivo no qual inúmeras caixas de documentos esparsos precisam ser abertas para que o papel seja adequadamente tratado, higienizado, digitalizado, catalogado e armazenado. Em outras palavras, ao final do projeto de restauro e organização de parte do acervo, a configuração material do arquivo terá sofrido modificações, e com isso o próprio arquivo terá também mudado, na medida em que a incorporação desse conjunto de documentos se articule com o que já existia antes. Ou imaginemos um museu que receberá em forma de doação uma coleção de artefatos de arte sacra do litoral-sul do Brasil do século XVIII. É preciso preparar o ambiente onde será realizada a exposição, receber as peças, restaurá-las se for preciso, catalogá-las, realizar o treinamento de monitores, cuidar das questões jurídicas acerca do acervo etc. Também nesse caso se objetivam transformações materiais e institucionais.

O diagnóstico, portanto, pode ser definido como

> *o levantamento da situação atual, o que está acontecendo, em um determinado momento, devendo seu produto final conter as ações priorizadas,*

ressaltando que, para cada problema diagnosticado, haverá uma série de opções tecnológicas, de procedimentos ou de ações de desenvolvimento que podem ser operacionalizadas. (Consalter, 2012, p. 74)

É somente por meio do diagnóstico, ou seja, da identificação do problema e dos desafios por ele representados que se torna possível fazer um prognóstico, que corresponde ao planejamento das ações a serem realizadas para se chegar a uma solução. Como podemos perceber, o diagnóstico é a primeira etapa de uma atividade de prestação de serviços e deve preceder a elaboração do projeto.

Não podemos esquecer que o diagnóstico não pode simplesmente incorporar suposições não comprovadas e, menos ainda, uma compreensão estereotipada ou preconceituosa da realidade a ser transformada. Se uma exposição em museu atrai um público muito reduzido, não basta justificar o fato argumentando que a população local é demasiadamente iletrada. Este pode até ser o caso, mas é preciso utilizar critérios objetivos e científicos para identificar o problema em toda sua complexidade.

4.2.4 Justificativa

Tal como em um projeto de pesquisa, o projeto de prestação de serviços também precisa apresentar uma justificativa que não se confunda com os objetivos do projeto. Em outras palavras, mais do que descrever o que deve ser feito, a justificativa deve esclarecer por que é importante fazer o que deve ser feito. No caso de uma pesquisa, esta pode ser básica ou aplicada. A pesquisa básica se justifica quando se visa preencher uma lacuna em um campo de conhecimento. No entanto, um projeto de prestação de serviços, como no caso de uma pesquisa aplicada, constitui quase sempre uma ação com caráter pragmático bastante marcado, no qual a relevância social ou institucional do projeto é imprescindível.

A justificativa deve ser capaz de convencer o leitor de que o projeto se baseia em uma identificação precisa e consistente da situação-problema, que existem formas viáveis de resolvê-lo com eficiência, que o profissional ou a equipe proponente tem qualificação para a tarefa e que o momento é o mais adequado para a implementação do projeto. Assim, se os itens anteriores forem consistentes, a justificativa será mais persuasiva.

É essencial ter em mente que um projeto, mesmo que seja bom e viável, também precisa de uma ocasião propícia para ser apresentado. Um projeto de livro didático de ensino médio de História, por exemplo, pode ser apresentado a qualquer editora em praticamente qualquer época do ano, mas o proponente tem mais chances de sucesso se estiver bem informado quanto aos editais e prazos do Programa Nacional do Livro didático (PNLD), do Ministério da Educação. De forma análoga, um projeto de disponibilização de material bibliográfico e fontes de história na internet pode ser bem recebido a qualquer momento, mas se torna socialmente mais relevante em um período de isolamento social, como ocorreu em 2020 em decorrência da pandemia de covid-19.

4.2.5 OBJETIVOS

Assim como no roteiro relativo ao projeto de pesquisa, os projetos de prestação de serviços também precisam indicar os objetivos a serem alcançados, distinguindo o objetivo geral (preferencialmente um só) e os objetivos específicos. Em um projeto de prestação de serviços que objetiva a criação de um produto, o objetivo geral é bastante simples: a criação do produto. Um projeto cuja proposta seja a de criação de um documentário sobre a Revolução Federalista tem como objetivo a criação de um documentário sobre a Revolução Federalista. No caso de uma consultoria, por exemplo, em que o resultado final é um pouco menos tangível, ainda assim prevalece a mesma lógica. Uma atividade de consultoria sobre a moda parisiense na segunda metade do século XIX tem como objetivo a prestação de consultoria sobre a moda parisiense na segunda metade do século XIX.

Os aspectos mais técnicos, as especificidades que tornam sua proposta diferente (e melhor) que produções análogas já existentes, bem como as etapas do processo, podem constituir os objetivos específicos do projeto.

4.2.6 Público-alvo

Em um projeto de prestação de serviços, é fundamental definir o perfil do público ao qual o resultado final se destina. Uma primeira questão que se coloca em trabalhos de prestação de serviços na área de história é a definição exata de público: trata-se do contratante do serviço ou das pessoas que eventualmente usufruirão dos benefícios gerados pelo desenvolvimento do projeto? Um arquivo, por exemplo, pode contratar os serviços de um historiador visando à organização do material, mas quem é o público-alvo de seu projeto, a administração e os funcionários do arquivo ou os usuários que buscam material de consulta e pesquisa? No universo do projeto, ambos devem ser levados em consideração. O primeiro grupo constitui a população diretamente beneficiada pelo projeto, e o segundo se beneficia apenas indiretamente, mas os resultados previstos devem levar em consideração tanto um quanto o outro.

Em um projeto, é importante definir o perfil do público-alvo e o que pode ser feito a partir de categorias gerais, tais como faixa etária, gênero, escolaridade, perfil socioeconômico, local de moradia, entre outros. Uma exposição de fotografias que tenha como tema a força de trabalho feminina nas fábricas de São Paulo no início do século XX, por exemplo, tenderá a atrair um público feminino, paulistano, e certo engajamento em questões relativas ao trabalho. Dependendo do caso, o projeto pode ampliar seu escopo, de modo a incorporar ao público-alvo uma população mais abrangente. Um museu, por exemplo, pode criar seções lúdicas e interativas de modo a melhor atender um público infantil ou infantojuvenil.

4.2.7 Definição de metas

Na linguagem do senso comum, objetivos e metas são sinônimos. Entretanto, de um ponto de vista de gerenciamento de projetos, a distinção entre esses termos é relevante. De acordo com Giehl et al. (2015, p. 115), "tratar do quadro de metas significa voltar as atenções para o local em que os objetivos específicos se traduzem em ações e resultados". Nesse sentido, cada objetivo específico corresponde a uma meta. O objetivo específico expressa uma parte ou etapa do projeto a ser alcançada, ao passo que as metas definem com mais clareza e detalhe as ações, os recursos e os resultados relativos a cada objetivo específico.

Tomemos como exemplo um projeto de valorização do patrimônio imaterial de determinada comunidade. Nesse caso, temos um objeto bastante amplo e pouco definido, o que implica um objetivo geral também bastante aberto. Um dos objetivos específicos pode ser o resgate de uma técnica ancestral de preparo de um alimento regional, que faz parte do conjunto maior, que engloba diversas manifestações culturais características da comunidade. Mas que ações devem ser tomadas para esse "resgate" da técnica ancestral? O projeto pode prever, por exemplo, oficinas, nas quais cozinheiros experientes ensinam a técnica a aprendizes. Pode promover também a confecção de apostilas ou panfletos para a divulgação da técnica. Ainda, pode propiciar a criação de vídeos e documentários, ensinando o preparo do alimento, e a divulgação desses vídeos em plataformas na internet. A delimitação de quais ações serão realizadas e quais são os resultados esperados constituiria, portanto, a definição das metas do projeto.

4.2.8 Metodologia

Tal como em um projeto de pesquisa, também nos projetos de prestação de serviços o item "Metodologia" diz respeito aos procedimentos e às técnicas utilizadas para o desenvolvimento do projeto. Na definição das metas, você já apresentou uma série de procedimentos, técnicas, recursos e instrumentos de avaliação dos resultados relativos a cada objetivo específico. Ao passar para a descrição dos aspectos metodológicos do projeto, você deve retomar esses itens, mas de uma maneira geral e integrada. Em outras palavras, nas metas você apresentou procedimentos metodológicos de forma fragmentada, e na metodologia você deve fazê-lo ponderando aspectos mais gerais que permitam uma visão de conjunto do projeto e, ao mesmo tempo, uma melhor compreensão da articulação das partes com o todo.

Retomemos o exemplo anterior, de valorização do patrimônio imaterial de determinada comunidade. Esse patrimônio imaterial se manifesta por meio de músicas, danças, culinária, vestuário etc., e cada uma dessas formas de expressão deve corresponder a um objetivo específico, que demanda ações, indicadores de resultados e meios de verificação também específicos. Na metodologia, procure desenvolver de forma descritiva os procedimentos comuns a todas as metas e apresente o desenvolvimento do projeto de forma orgânica, indicando suas etapas, preferencialmente em ordem cronológica.

Em resumo, em um projeto de prestação de serviços, elabore uma descrição das atividades que serão desenvolvidas em cada fase do projeto, discriminando as atribuições de cada um dos membros da equipe no caso de um projeto colaborativo. Explicite, neste item, os critérios e os métodos que você utilizará para a avaliação da qualidade do produto ou serviço, além de uma análise dos riscos, bem como de uma estimativa de materiais, equipamentos e recursos.

4.2.9 Equipe e parcerias

Se seu projeto tiver dimensões reduzidas e demandar unicamente seu trabalho individual, este item é desnecessário, uma vez que você já fez uma autoapresentação e já disponibilizou informações sobre suas qualificações e experiência profissional no item "apresentação do proponente". No entanto, se for um projeto que envolva mais pessoas, demande a terceirização de parte dos serviços ou, ainda, envolva parcerias com o setor público, ONGs ou empresas privadas, a apresentação das pessoas e entidades envolvidas no projeto é essencial.

Antes do início dos trabalhos, a equipe e as parcerias já devem estar definidas, e por isso devem constar no projeto. O conjunto de participantes de um projeto pode ser chamado de **equipe direta** quando se tratar de indivíduos responsáveis diretamente pelas ações delimitadas nos objetivos específicos. A **equipe indireta**, por sua vez, é formada por aqueles profissionais que atuam na retaguarda, dando apoio, acompanhando o desenvolvimento do projeto e garantindo sua infraestrutura necessária.

Imagine, por exemplo, um projeto que tenha como objetivo geral a organização de um evento acadêmico, educacional ou corporativo, cuja parte principal seja a apresentação de mesas redondas com conferencistas gabaritados. Nessa etapa, serão necessários profissionais que contatem os conferencistas, estabeleçam contratos, atuem como mediadores nas mesas redondas etc. São eles os membros da equipe direta. Mas serão necessários também profissionais que disponibilizem bebidas e alimentos para um *coffee-break*, que verifiquem o funcionamento dos equipamentos audiovisuais, que cuidem da limpeza etc. Esses fazem parte da equipe indireta. E não devemos negligenciar a importância da equipe indireta. Frequentemente se pensa que são profissionais à margem do projeto e, por isso, podem ser definidos posteriormente, mas isso é um erro. São profissionais com qualificações específicas, cujas competência e remuneração devem ser definidas de antemão e constar no projeto.

Os parceiros, por sua vez, são indivíduos e instituições que participam diretamente das ações, mas não são os responsáveis pelos objetivos ou pelos resultados. Retomemos o exemplo anterior. Vamos supor que se trata de um evento de atualização para professores de História da rede estadual de educação básica. Um dos parceiros, certamente, será o governo do Estado, por meio da Secretaria Estadual de Educação ou de diretorias de ensino. Embora o envolvimento desse parceiro ocorra de forma direta na execução do projeto, o projeto continua sendo responsabilidade primordial do proponente, e não do parceiro.

4.2.10 CRONOGRAMA

Tal como em um projeto de pesquisa, o cronograma de um projeto de prestação de serviços deve ser claro e objetivo, podendo ser apresentado na forma de uma tabela. Por meio desse instrumento, é possível visualizar espacialmente o tempo disponível para cada tarefa a ser desenvolvida no projeto, e por isso é importante que os prognósticos sejam realistas. A elaboração do cronograma também permite avaliar melhor a disponibilidade de cada um dos membros da equipe, em projetos de grandes dimensões, de modo a facilitar a otimização das atividades.

Em um cronograma, é possível organizar os períodos por meses do ano, por exemplo, mas você deve ter sempre em vista a possibilidade de que a aprovação do projeto pode sofrer atrasos, o que alteraria todo o cronograma. Nesse sentido, recomendamos que, em vez de indicar os nomes dos meses (janeiro, fevereiro, março, abril etc.), você indique os meses por números (mês 1, mês 2, mês 3 etc.). Desse modo, se o projeto tiver início em um momento diferente do previsto, o tempo de execução permanecerá inalterado.

4.2.11 Orçamento

O orçamento diz respeito aos recursos financeiros necessários à execução de um projeto e é um item essencial para sua aprovação. É necessário ter em mente que a viabilidade econômica é um fator determinante para a aprovação de um projeto. Se o orçamento não for viável de um ponto de vista financeiro, o cliente não hesitará em descartar o projeto ou buscar outras propostas mais atraentes. E isso vale tanto para a iniciativa privada quanto para as atividades sociais e as empresas públicas.

Se você trabalhar como autônomo e se encarregar sozinho de todas as etapas do projeto, um método interessante de precificar seu trabalho é estimar o quanto pretende ganhar por mês nessa atividade profissional. Mesmo que você esteja começando e não tenha clientes e serviços em quantidade suficiente para se dedicar somente à prestação de serviços em história, é importante que você não cobre um valor nem excessivamente baixo, o que tornaria impossível fazer disso sua atividade profissional principal, nem excessivamente alto, de modo a desestimular potenciais clientes. Parta de uma carga horária de 44 horas semanais (cerca de 198 horas por mês) e divida o quanto gostaria de ganhar por mês por 198. Você terá chegado ao valor de sua hora de serviço. Ao elaborar o orçamento, porém, estime um número maior de horas de trabalho, de forma a poder acomodar imprevistos.

Se você desenvolver um trabalho em equipe, acrescente ao orçamento os custos que terá com o pessoal envolvido no projeto. Há casos em que a equipe é formada por funcionários do cliente, que já recebem salários para estar à disposição de seu projeto. Nesse caso, a mão de obra de equipe consta em seu orçamento como custo zero, mas é importante não esquecer que o cliente está de alguma forma pagando também por esses serviços.

Além da equipe permanente, acrescente à sua lista os custos não diretamente relacionados aos funcionários e auxiliares, tais como material de consumo, custos administrativos, diárias e hospedagem, transporte, equipamentos, obras e instalações, entre outros. Se utilizar serviços terceirizados, contabilize isso como item não diretamente relacionado com os custos de mão de obra, uma vez que não configura salário nem custo com os contratados.

Tendo como base o plano de trabalho e o cronograma, estime os custos com pessoal e recursos materiais a cada mês e elabore uma planilha mensal de seus custos. Detalhe cada atividade de modo a não esquecer nada significativo. Lembre-se de que um erro de cálculo pode significar um prejuízo com o qual você terá de arcar no futuro.

4.2.12 Avaliação e monitoramento

Uma gestão competente tem de estabelecer critérios que permitam avaliar se o projeto está sendo desenvolvido de forma adequada, se os objetivos foram alcançados e, caso tenham sido, em que grau foram. Embora constitua o último item na apresentação do projeto, a avaliação não pode ser compreendida como algo que se realiza em um único momento, ao final da execução das atividades. Pelo contrário, a avaliação deve ser entendida como um processo. Não só deve ser feita de modo formal em diferentes momentos da execução do projeto, mas também as próprias ações devem contar com componentes avaliativos.

Outro aspecto importante diz respeito ao monitoramento, que não se confunde com a avaliação propriamente dita. Ele deve ser realizado em cada etapa, para averiguar a existência de problemas que podem comprometer o avanço para as etapas seguintes. Nesse sentido, o monitoramento deve acompanhar de perto o cronograma de execução do projeto.

A avaliação de um projeto deve considerar aspectos quantitativos e qualitativos. Na organização de um acervo documental, por exemplo, a avaliação pode contabilizar o número de documentos catalogados (índice quantitativo), assim como o grau de satisfação dos usuários desse mesmo acervo (índice qualitativo). Assim, é fundamental que a avaliação parta de indicadores de quantidade e qualidade, para que seja a mais objetiva e imparcial possível. Por meio dela, é possível corrigir erros e estabelecer uma apreciação consensual quanto ao alcance dos objetivos.

Síntese

Neste capítulo, apresentamos os elementos estruturais tanto de um projeto de pesquisa quanto de prestação de serviços em história. Em um projeto de pesquisa, o título deve ser claro, conciso e direto quanto ao objeto do projeto. O resumo ou *abstract* é opcional, mas pode ser interessante para projetos longos. A delimitação do tema precisa apresentar o objeto de estudo ou de trabalho de modo descritivo e da maneira mais clara possível. Na justificativa, você deve expor as razões pelas quais vale a pena investir tempo e recursos em seu projeto. No balanço bibliográfico, devem constar os principais estudos relativos ao objeto ou tema de seu projeto. A problemática é uma questão central que seu projeto propõe e é essencial em uma atividade de pesquisa. As hipóteses são palpites bem fundamentados, que podem servir de solução à problemática, mas têm de ser submetidos à verificação empírica, ou seja, devem ser corroboradas pela análise das fontes primárias. Os objetivos podem ser divididos em objetivo geral, que visa responder à problemática, e objetivos específicos, os quais explicitam as etapas que devem ser realizadas para atingir o objetivo geral. O referencial teórico fornece conceitos e modelos que dão norte à pesquisa. A tipologia das fontes é um item no qual você deve apresentar as fontes primárias e explicar de que tipo são e como serão exploradas. A metodologia consiste em uma descrição dos procedimentos de pesquisa ou de trabalho. O cronograma indica o tempo de duração de cada etapa e evidencia a viabilidade de realização do projeto no prazo estipulado. A bibliografia deve discriminar as fontes das obras de caráter geral e incluir todas as obras citadas e aquelas mais diretamente relacionadas à pesquisa, à prestação de serviços ou ao produto final.

José Antonio Vasconcelos e Maurício Cardoso

Em um projeto de prestação de serviços, o título deve ser claro e objetivo, mas sem abrir mão de seu apelo mercadológico. A apresentação do proponente deve conter os dados do responsável pelo projeto e alguns indicativos de sua experiência prévia, como forma de atestar sua competência.

Indicações culturais

WALSH, R. **Essa mulher e outros contos**. São Paulo: Editora 34, 2010.

O conto que dá título ao livro trabalha ficcionalmente um encontro com um militar encarregado de esconder o corpo de Evita Perón após sua morte. No texto, há várias referências ao modo como se constrói o registro histórico.

ECO, U. **Como se faz uma tese**. São Paulo: Perspectiva, 2003.

Esse livro é praticamente um clássico dos manuais de pesquisa acadêmica. Trata-se de um texto didático e muito atento a questões do cotidiano dos pesquisadores nas universidades.

JORNADA da alma. Direção: Roberto Faenza. França/Inglaterra/Itália, 2003.

O filme conta a história de Sabina Spielrein, que sofria de histeria e foi paciente do Dr. Carl Jung. Paralelamente, conta a narrativa de uma historiadora que traz a história à tona por meio de uma pesquisa histórica.

UMA CIDADE sem passado. Direção: Michael Verhoeven. Alemanha, 1989.

Filme que mostra as tensões sociais decorrentes de uma historiadora desvendando o passado nazista de sua cidade natal.

AMNÉSIA. Direção: Christopher Nolan. EUA: Newmarket Films, 2001.

Embora o filme não trate especificamente da figura do historiador, é interessante ver como as evidências do presente são continuamente retrabalhadas para desvendar os mistérios do passado.

UM FILME falado. Direção: Manoel de Oliveira. Portugal: Atlanta Filmes; França: Gemini Films, 2003.

O filme conta o percurso de uma professora de História que decide fazer uma viagem com a filha e conhecer os lugares sobre os quais sempre falou, mas nunca conheceu. É interessante para tematizar o problema do distanciamento entre o historiador e seu objeto.

Atividades de autoavaliação

1. Avalie as assertivas a seguir e indique V para as verdadeiras e F para as falsas.
   ( ) Existem itens comuns em projetos de pesquisa e de prestação de serviço em História.
   ( ) Os projetos são necessários somente para o desenvolvimento de atividades de pesquisa, e seu uso pode ser descartado nos demais campos de atuação do historiador.

( ) Todo projeto de pesquisa tem de apresentar título, resumo, delimitação do tema, justificativa, balanço bibliográfico, problemática, hipóteses, objetivos, referencial teórico, tipologia das fontes, metodologia, cronograma e bibliografia.

( ) Em muitas situações, o projeto de pesquisa ou prestação de serviços tem de se adequar a roteiros preestabelecidos pelas instituições financiadoras.

( ) Os projetos não têm uma estrutura geral a ser seguida e devem ser escritos conforme cada tema e segundo a criatividade do seu autor.

Agora, assinale a alternativa que apresenta a sequência obtida:
a) F, F, F, V, V.
b) V, V, F, F, F.
c) V, F, F, V, V.
d) F, F, V, V, F.
e) V, F, F, V, F.

2. Avalie as assertivas a seguir e indique V para as verdadeiras e F para as falsas.

( ) O título de um projeto deve primar pela clareza e concisão.

( ) Nas ciências humanas, é incomum o uso de subtítulos em trabalhos de pesquisa.

( ) O resumo é um item obrigatório tanto em projetos como em monografias, teses e dissertações.

( ) A delimitação do tema deve começar sempre com uma apresentação do objeto de pesquisa ou prestação de serviços.

( ) O cronograma deve detalhar minuciosamente cada atividade a ser desenvolvida na forma de um texto argumentativo.

Agora, assinale a alternativa que apresenta a sequência obtida:
a) F, F, F, V, V.
b) V, F, F, V, F.
c) V, F, F, V, V.
d) F, F, V, V, F.
e) V, V, V, F, F.

3. Assinale a alternativa correta:
   a) Justificativa é o mesmo que objetivo, e ambos podem ser combinados no mesmo item de um projeto.
   b) No balanço bibliográfico, é necessário apresentar uma sequência de resumos das obras, evitando ao máximo qualquer forma de posicionamento crítico sobre elas.
   c) O balanço bibliográfico deve ter o maior número de obras referenciadas possível, de modo a impressionar os avaliadores com um alto nível de erudição acadêmica.
   d) A problemática de um projeto de pesquisa deve poder ser formulada na forma de uma pergunta.
   e) A metodologia deve justificar o tema, o problema de pesquisa e a hipótese levantada pelo projeto.

4. Assinale a alternativa correta:
   a) As hipóteses são apresentadas no projeto como soluções provisórias para a problemática e necessitam de verificação empírica ao longo da pesquisa.
   b) Em um projeto de pesquisa, a problemática deve vir sempre acompanhada de uma solução completa e definitiva.
   c) Em um projeto, os objetivos específicos visam à solução da problemática ou ao resultado final do projeto, e os objetivos gerais indicam as etapas subordinadas aos objetivos específicos.

d) O referencial teórico deve incluir somente obras que tratam especificamente do objeto da pesquisa.

e) A bibliografia pode ser chamada também de *tipologia das fontes*, visto que pode incluir itens de leitura de livros e das fontes a serem pesquisadas.

5. Leia o texto a seguir e, na sequência, assinale a alternativa correta:

Parece óbvio afirmar, assim, que a prática historiográfica tem sua origem em um projeto de pesquisa que fundamenta o trabalho a ser realizado. Pressupõe, de início, a elaboração de uma hipótese a ser investigada. Ou seja, demanda algum conhecimento prévio do contexto social, cultural e material a ser estudado, pois a qualidade do trabalho realizado – a pertinência das perguntas e a validade das respostas obtidas – remete à relevância da documentação selecionada.

A triagem e a leitura crítica de documentos, portanto, exigem a realização de um levantamento bibliográfico inicial sobre o contexto em que eles estão inseridos. Como o estudo da História repousa na lógica de acumulação de conhecimentos, quanto melhor for realizada essa etapa – a análise dos trabalhos escritos sobre determinado tema –, tanto melhor podem ser identificadas as mais diversas interpretações de um fato específico. Indo além, até mesmo, podem-se reconhecer as contribuições originais, suas possíveis incongruências e as lacunas de informação que ainda possam persistir.

Constata-se, assim, que a elaboração de uma hipótese de trabalho não surge no vazio do conhecimento sobre um assunto. Ao contrário, esse é um procedimento que exige a contextualização do problema, bem como algum domínio de teorias, métodos e técnicas específicas de pesquisa histórica. A busca de respostas constitui um processo ininterrupto que se apoia tanto na historiografia – ou no levantamento bibliográfico – como no resultado da documentação – ou nas fontes apropriadas de pesquisa. (Samara; Tupy, 2007, p. 11-12)

a) O projeto de pesquisa constitui o termo de uma investigação historiográfica.

b) A compreensão da relevância da documentação ocorre de modo articulado às críticas das fontes e ao levantamento bibliográfico.

c) A elaboração da hipótese de trabalho deve anteceder os demais procedimentos, como seleção e organização das fontes ou leitura da documentação.

d) A lógica de acumulação de conhecimentos é o que impossibilita alcançar resultados originais na pesquisa historiográfica.

e) A elaboração de uma hipótese de trabalho independe da contextualização do problema, pois procede mais da intuição do pesquisador que da leitura e análise de fontes e bibliografia.

Atividades de aprendizagem

Questões de reflexão

1. Cite e explique dois equívocos comuns que o profissional de história deve evitar na elaboração de um projeto.

2. O que há de comum entre as estruturas de um projeto de pesquisa e de um projeto de prestação de serviços?

3. Por que a descrição da tipologia das fontes é tão importante em um projeto de história?

Atividades aplicada: prática

1. Escolha um livro de História que você já tenha lido e, preferencialmente, sobre o qual você já tenha feito algum fichamento. Procure elaborar um projeto breve, de cerca de cinco páginas, imaginando como o autor teria definido a apresentação do tema, a revisão bibliográfica, as hipóteses e os objetivos, o referencial teórico, o cronograma e as obras mais importantes da bibliografia. Esse exercício reverso, de tentar imaginar um projeto a partir de um produto final já acabado, possibilitará maior segurança quando você estiver em uma situação real de elaboração de projetos.

Capítulo 5
Projetos de história e
financiamento público

O financiamento público de atividades de pesquisa é fundamental para o desenvolvimento econômico e social de um país. Em épocas de crise, é comum ouvirmos que as pesquisas devem buscar parcerias com o setor privado. Embora tais parcerias sejam realmente importantes, não só como meio de captação de recursos, mas também como forma de manter a pesquisa acadêmica em sintonia com as necessidades da sociedade e do mercado, elas não podem tomar o lugar do financiamento público. Nos Estados Unidos, 60% do dinheiro gasto em pesquisa é proveniente de recursos públicos. Na Europa, esse índice é de 77% (Caires, 2019). Isso ocorre por três motivos: (1) o setor privado não dá conta sozinho de custear a pesquisa necessária para garantir autonomia em ciência e tecnologia de um país; (2) o setor privado prioriza as pesquisas que tenham retorno rápido, deixando em segundo plano pesquisas igualmente necessárias, mas de retorno a longo prazo; (3) o investimento em pesquisa faz parte do plano estratégico de uma nação e, nesse sentido, o Estado tem de exercer o papel de protagonista.

Sob tal perspectiva, neste capítulo você conhecerá aspectos das principais agências públicas de financiamento à pesquisa no Brasil. Antes de desenvolver um projeto com financiamento público, é necessário saber quais órgãos e instituições governamentais atuam nesse campo e quais são as condições de elegibilidade que eles impõem aos projetos que lhes são submetidos. Tendo em vista que parcela considerável do investimento público em pesquisa é aplicada em programas de mestrado e doutorado, a primeira parte do capítulo procurará esclarecer o modo como se estrutura a pós-graduação no Brasil e como acontece o ingresso nesses programas.

(5.1)
O QUE É PÓS-GRADUAÇÃO?

No Brasil, a expressão *pós-graduação* designa cursos e estágios acadêmicos que só podem ser realizados após a conclusão de um curso de graduação e que, por isso, exigem que o candidato tenha diploma de curso superior. Assim, cursos de atualização, aperfeiçoamento, especialização, mestrado, doutorado e até estágios de pós-doutoramento podem ser incluídos em um amplo conjunto que chamamos de *pós-graduação*. Por isso, é incorreto alguém dizer, por exemplo, que cursará uma pós-graduação antes do mestrado, pois o próprio curso de mestrado é também uma modalidade de pós-graduação. O correto seria especificar, dizendo que cursará uma pós-graduação em nível de aperfeiçoamento ou especialização.

O mestrado e o doutorado se diferenciam de outras modalidades de pós-graduação porque esses cursos emitem diplomas, ao passo que o aperfeiçoamento e a especialização emitem certificados. Os programas que emitem diplomas se enquadram em uma categoria denominada *pós-graduação stricto sensu* ("sentido estrito", em latim). Os que emitem certificados são chamados de *pós-graduação lato sensu* ("sentido amplo", em latim). Como o processo de emissão de diplomas é mais complexo e atende a um número maior de exigências legais, o mestrado e o doutorado demandam mais investimento por parte das instituições que os mantêm. Por causa disso, os cursos de pós-graduação *stricto sensu* costumam ter mensalidades elevadas, quando oferecidos por instituições privadas, ou então são muito disputados, nos casos em que são oferecidos gratuitamente, seja por instituições públicas, seja por programas de excelência que recebem recursos públicos, os quais viabilizam a isenção de taxas escolares.

Os cursos de aperfeiçoamento devem ter uma carga horária mínima de 180 horas-aula e são oferecidos por instituições de ensino superior ou de pesquisa credenciadas pelo Conselho Nacional de Educação (CNE), órgão do governo federal vinculado ao Ministério da Educação (MEC). Em geral, os cursos de aperfeiçoamento visam à capacitação profissional e, em muitos casos, são prerrequisito para a progressão na carreira. Por isso, é importante sempre observar não só as exigências que dão valor legal ao curso, mas também aquelas colocadas pela instituição empregadora, pelas instâncias públicas ou pelos conselhos profissionais, que podem especificar carga horária e tempo mínimo de duração do curso, por exemplo, superiores ao mínimo previsto em lei.

O mesmo vale para os cursos de especialização, que têm uma carga horária mínima de 360 horas-aula, além da exigência de apresentação de um trabalho de conclusão de curso, que pode ser uma monografia, um artigo acadêmico ou um relatório de estágio, por exemplo. Muitos cursos de especialização são voltados à formação de docentes de ensino superior, mas é importante lembrar que, segundo a Lei de Diretrizes e Bases da Educação Brasileira (LDB), em seu art. 66, "a preparação para o exercício do magistério superior far-se-á em nível de pós-graduação, prioritariamente em programas de mestrado e doutorado" (Brasil, 1996).

Os cursos de mestrado e doutorado geralmente têm uma carga horária pequena de créditos em disciplinas, em comparação com cursos de graduação ou de especialização. Em compensação, demandam muito tempo e trabalho de pesquisa, que resultam em uma dissertação, no caso do mestrado, ou em uma tese, no caso do doutorado. A tese deve, necessariamente, apresentar uma contribuição original para o campo de estudos no qual a pesquisa se situa. Para a dissertação, a originalidade não é prerrequisito – ela pode ser um trabalho de compilação, desde que não envolva plágio. O plágio consiste na transcrição não referenciada de parte ou da totalidade de um trabalho alheio, e é um crime que pode levar à pena de três meses a um ano ou ao pagamento de multa, de acordo com o art. 184 do Código Penal (Brasil, 1940). De qualquer modo, mesmo para o mestrado, a originalidade é um aspecto altamente desejável. Os cursos de mestrado formam pesquisadores que buscam complementação para suas carreiras profissionais ou que pretendem seguir a carreira acadêmica. O doutorado é mais específico para a formação de docentes e pesquisadores de instituições de ensino superior ou centros de pesquisa.

Existe muita confusão terminológica porque, frequentemente, algumas siglas e nomenclaturas derivadas do inglês são utilizadas no Brasil nem sempre com o mesmo significado e, muitas vezes, até de forma errada. Exemplo disso são as abreviaturas de títulos acadêmicos. Em nossa língua, a abreviatura correta para "mestre" é "Me.", e para "doutor" é "Dr.", e ambas são colocadas à frente do nome: Prof. Me. João de Souza, ou Profa. Dra. Maria Nascimento, por exemplo. Em inglês, o título de mestre é designado pelas siglas "MA" (*Master of Arts*, no caso de título relacionado às ciências humanas), "MS" ou "MSc" (*Master of Science*, no caso de título relacionado às ciências exatas ou biológicas) ou MBA (*Master of Business Administration*, no caso de título relacionado à área de ciências sociais aplicadas). Em inglês, o título de doutor é designado pela sigla "PhD", abreviatura de *Philosophiæ Doctor*, expressão em latim que significa "Doutor em Filosofia". Esse nome parte da compreensão de que a filosofia é uma área que abrange as demais, e por isso é aplicada mesmo a doutorados em engenharia, medicina ou economia, por exemplo. Essas abreviaturas, via de regra, são colocadas após o nome próprio, como em "Prof. John Smith, MA", ou "Prof. Brian May, PhD".

Muitas pessoas gostam de apresentar seus títulos em inglês, mas devemos lembrar que isso pode ser considerado ortograficamente incorreto. "MS" em português, por exemplo, é a abreviatura de "manuscrito", e não de mestre. Outro equívoco comum é imaginar que "PhD" seja um título posterior ao doutorado, quando ele consiste somente em uma equivalência ao título de doutor no Brasil. Portanto, "Dr." e "PhD" designam o mesmo título em nomenclaturas diferentes. Outra confusão muito comum diz respeito à sigla "MBA", que, nos países de língua inglesa, equivale ao título de mestre, mas no Brasil é geralmente associada a cursos de especialização. De acordo com o próprio *site* do MEC, "os cursos designados como MBA – Master Business Administration ou equivalentes nada mais são do que cursos de especialização em nível de pós-graduação na área de administração" (Brasil, 2020b). Assim, se você cursar um MBA no Brasil que não confira grau de mestre, é bastante provável que não consiga a equivalência desse título no exterior.

(5.2)
Ingresso em programas de mestrado e doutorado

Como ocorre o processo seletivo para ingresso em um curso de mestrado ou doutorado? Os critérios podem variar de acordo com o regimento da pós-graduação de cada instituição ou mesmo com os procedimentos adotados pelo colegiado de cada programa em particular. Contudo, a maioria dos editais de seleção exige a aprovação em uma prova de conteúdo teórico-metodológico, uma prova de proficiência em língua estrangeira, além de uma entrevista e uma análise do *curriculum vitae*. Neste último item, quase sempre se pede o *Curriculum Lattes*, que é gerado a partir de informações inseridas *on-line* na plataforma Lattes, mantida pelo Conselho Nacional de Desenvolvimento Científico e Tecnológico (CNPq), um órgão de apoio à pesquisa do governo federal. Sempre procure prestar bastante atenção às exigências do edital, de modo a garantir que a sua inscrição não seja indeferida.

A aprovação em um processo seletivo de mestrado ou doutorado depende de uma série de fatores. Muitas vezes, candidatos com bons projetos acabam sendo recusados, o que frequentemente leva à impressão de que os membros da comissão de avaliação do processo seletivo tenham faltado com a lisura. Embora possam existir esporadicamente situações de parcialidade, elas não podem ser tomadas como regra. Justamente pelo fato de haver dispositivos legais que podem anular a totalidade de um processo de seleção, caso existam evidências de fraude, os programas de pós-graduação *stricto sensu* em geral primam pelo cuidado e pela ética em seus procedimentos. Mas você pode estar se perguntando: Excetuando situações de parcialidade ou nepotismo, vulgarmente chamadas de "apadrinhamento", o que mais pode levar uma boa proposta de pesquisa a ser reprovada?

Em primeiro lugar, é preciso ter em vista a adequação do projeto ao programa de pós-graduação ao qual ele é apresentado. Imagine um projeto de história da Roma Antiga sendo submetido a um programa de pós-graduação em História do Brasil. Por mais meritória que seja a proposta, dificilmente ela será aprovada simplesmente pelo fato de que não encontrará um orientador compatível e porque a própria infraestrutura da instituição será deficitária nesse caso específico. Ademais, os programas de mestrado e doutorado são submetidos a avaliações periódicas pela Coordenação de Aperfeiçoamento de Pessoal de Nível Superior (Capes), um órgão de avaliação e financiamento do governo federal. A falta de congruência entre as pesquisas desenvolvidas e as linhas de pesquisa pode levar à perda de pontos e a um consequente rebaixamento do programa. Em outras palavras, muitas vezes uma reprovação não se deve ao projeto em si, mas à falta de aderência ao perfil do programa de pós-graduação e às pesquisas realizadas pelos docentes que nele atuam.

Em segundo lugar, é importante saber estruturar bem a prova de conteúdo teórico-metodológico. Se houver uma bibliografia indicada, não deixe de ler as obras e comentá-las em sua prova. Entretanto, é preciso ter em mente que uma boa prova é aquela que, respondendo à questão proposta, desenvolve um argumento bem fundamentado. Há candidatos que escrevem sequências de minirresenhas e acreditam terem tido bom desempenho na prova porque contemplaram a bibliografia. Isso é um erro. A bibliografia deve ser apresentada em função do argumento, e este deve ser desenvolvido em função da questão proposta na prova, e não da bibliografia de apoio.

Em terceiro lugar, é necessário que o candidato demonstre autoconfiança e bom senso no momento da entrevista. Os entrevistadores poderão fazer questionamentos quanto ao projeto, ao *curriculum vitae* e, até mesmo, sobre o conteúdo da prova escrita. Nessa situação, duas atitudes devem ser evitadas: (1) assumir uma postura de arrogância e ser refratário a críticas e sugestões; (2) adotar uma atitude diametralmente oposta à primeira, de subserviência e aceitação de toda e qualquer observação crítica. O candidato deve ter em mente que o momento da entrevista é uma oportunidade que os avaliadores têm de estabelecer um contato pessoal com ele. E, portanto, deve saber defender os objetivos do projeto, pois como esperar que os avaliadores acreditem na importância e na viabilidade da proposta se nem ele mesmo mostra ter certeza disso? Ao mesmo tempo, o candidato deve estar aberto a críticas e sugestões de professores do programa, pois elas surgirão ao longo de todo o processo de pesquisa. Em outras palavras, é preciso demonstrar equilíbrio, evitando uma autoconfiança excessiva e uma total falta de confiança em si mesmo.

(5.3)
LINHAS DE FINANCIAMENTO PÚBLICO PARA PESQUISA

As pesquisas de mestrado e doutorado podem ser contempladas com financiamento público, na forma de bolsas de estudo. Existem diversas fontes de financiamento, mas podemos agrupá-las em duas grandes categorias: (1) aquelas que são concedidas ao programa de pós-graduação e, então, repassadas aos alunos e (2) aquelas que são concedidas diretamente ao pesquisador, desde que ele comprove estar desenvolvendo pesquisa em instituição abrangida pela agência financiadora.

No primeiro caso estão as linhas de bolsas e auxílios do CNPq e da Capes, por exemplo. Os programas de pós-graduação de todo o Brasil são periodicamente avaliados pela Capes e, de acordo com a nota atribuída ao programa, este pode contar com um número maior (caso a nota seja alta) ou menor (caso a nota seja baixa) de bolsas, lembrando que programas com notas muito baixas podem não receber auxílio financeiro ou até ser descredenciados, dependendo do caso. As bolsas da Capes e do CNPq concedidas ao programa são repassadas aos alunos de mestrado e doutorado de acordo com critérios estabelecidos nos respectivos colegiados. Geralmente, existe um processo de seleção interno, e os alunos mais bem avaliados são contemplados. Quando um aluno bolsista defende sua dissertação ou tese e conclui o curso, sua bolsa volta ao programa, que pode, então, repassá-la ao próximo aluno na lista de prioridades.

No segundo caso estão as linhas de bolsas e auxílios da Fundação Carlos Chagas Filho de Amparo à Pesquisa do Estado do Rio de Janeiro (Faperj) ou da Fundação de Amparo à Pesquisa do Estado de São Paulo (Fapesp), por exemplo, que são agências financiadoras de âmbito estadual. Nesses casos, as bolsas são outorgadas diretamente ao candidato, mediante solicitação do orientador. Nesse processo, as propostas são submetidas a uma avaliação preliminar para averiguar se a documentação enviada está em conformidade com as regras da agência financiadora. Depois que a proposta é considerada habilitada, ela é enviada a um parecerista, que avaliará a qualidade e o mérito da proposta, geralmente com base no projeto e no histórico escolar do aluno. Em seguida, ela é analisada por uma comissão, que poderá ou não outorgar a bolsa, de acordo com o orçamento disponível.

As bolsas e os auxílios financeiros concedidos por agências financiadoras públicas no Brasil não se limitam ao mestrado e doutorado. Há bolsas de iniciação científica, para alunos de graduação, e bolsas de pós-doutorado, além de auxílios para organização e participação de eventos, investimento em laboratórios, publicações etc. Falaremos mais sobre isso ao longo deste capítulo. Mas é importante destacar, desde já, a importância dessas linhas de fomento para o desenvolvimento da pós-graduação no Brasil. De acordo com a socióloga Sílvia Velho (1996, p. 46), "a pesquisa [no Brasil] expandiu-se e consolidou-se vinculada à pós-graduação, notadamente em universidades públicas, sempre com recursos do estado, através de suas agências, como a CAPES, CNPq e FINEp, além da FUNTEC, nos anos iniciais". Assim, os programas de mestrado e doutorado no Brasil conseguem obter índices de excelência comparáveis aos de boas instituições estrangeiras, em grande parte como consequência de uma consistente política de financiamento público da pós-graduação.

O financiamento público para a pesquisa em ciências humanas, e em particular para a história, não é recente. O modelo moderno de universidade, criado no século XIX, visava ultrapassar aquele criado na Idade Média, com as primeiras universidades, como a de Paris ou a de Bolonha, criadas no século XII, que se estruturavam como agremiações de alunos e professores custeadas pelos próprios alunos ou mediante auxílio financeiro da Igreja. As universidades que se estruturavam na Europa no século XIX, por outro lado, buscavam autonomia financeira por meio de financiamento público. Além disso, diferentemente do modelo medieval, de mera reprodução do conhecimento já existente, sem se preocupar com a produção de novos saberes, as universidades no século XIX buscavam aliar ensino e pesquisa. Exemplo desse modelo moderno é a Universidade de Berlim, fundada em 1910, sob a tutela do Estado prussiano, e que desempenharia um papel cultural fundamental no processo de unificação da Alemanha, na segunda metade do século XIX. Foi nela que ocorreu a criação da primeira cátedra de História, em 1825.

No Brasil, o financiamento público da pesquisa histórica também teve seus primórdios no século XIX, com a criação do Instituto Histórico e Geográfico Brasileiro (IHGB). De acordo com o historiador Manoel Luís Salgado Guimarães (1988, p. 9), "já por ocasião da sua reunião de constituição, a 1º de dezembro de 1838, o Instituto Histórico colocava-se sob a proteção do imperador, proteção esta que terá como expressão uma ajuda financeira, que a cada ano significará uma parcela maior do orçamento da instituição". Ao que ele acrescenta: "Cinco anos após a sua fundação, as verbas do Estado Imperial já representavam 75% do orçamento do IHGB, porcentagem que tendeu a se manter constante ao longo do século XIX" (Guimarães, 1988,

p. 9). A verba concedida pelo Estado brasileiro era fundamental para o custeio de viagens de pesquisa e coletas de material em arquivos estrangeiros, entre outros.

(5.4)
AGÊNCIAS FEDERAIS E ESTADUAIS DE APOIO À PESQUISA

Apesar de poder contar com financiamento público logo nas primeiras décadas após a independência, a pesquisa historiográfica no Brasil se fazia na maioria das vezes por autodidatas, isto é, por pessoas sem formação acadêmica em História. Essa situação só se modificaria com o surgimento de instituições de ensino superior, como a Universidade de São Paulo (USP), em 1934, e a Universidade de Brasília (UnB), em 1961, que colocavam a pesquisa como central na atividade acadêmica. Juntamente com o surgimento e fortalecimento de instituições universitárias de pesquisa, é importante também mencionar a criação de agências de fomento, como as já citadas CNPq e Capes, além da Financiadora de Estudos e Projetos (Finep), do Fundo Nacional de Desenvolvimento Científico e Tecnológico (FNDCT), bem como da Fapesp, da Faperj, da Fundação de Amparo à Pesquisa do Estado de Minas Gerais (Fapemig), da Fundação Araucária, entre outras.

O CNPq[1] é um órgão do governo federal voltado ao incentivo à pesquisa e ligado ao Ministério da Ciência, Tecnologia, Inovações e Comunicações (MCTIC). Fundado em 1951, no pós-guerra, inicialmente o CNPq estava orientado ao desenvolvimento de tecnologias

---

1   A sigla corresponde ao antigo nome do órgão: "Conselho Nacional de Pesquisas". Em 1974, seu nome foi modificado, mas a sigla permaneceu a mesma.

econômica e militarmente estratégicas, como a energia nuclear, mas seu campo de atribuições foi progressivamente se expandindo. De acordo com o Regimento Interno do órgão – Portaria n. 816, de 17 de dezembro de 2002 – Título I, Capítulo I, art. 2º, "O CNPq tem por finalidade promover e fomentar o desenvolvimento científico e tecnológico do país e contribuir na formulação das políticas nacionais de ciência e tecnologia" (Brasil, 2002). Hoje, o CNPq está ligado ao MCTIC e, além de conceder bolsas de estudo e auxílios financeiros a estudantes de pós-graduação, o órgão mantém diversas linhas de apoio à pesquisa de universidades e institutos de pesquisa no Brasil. Muitas formas de financiamento, contemplando diversas áreas, são anunciadas em editais.

Já a Capes é uma fundação ligada ao MEC e que presta uma série de serviços à pesquisa no Brasil. Tal como o CNPq, a Capes também concede bolsas de mestrado e doutorado a programas de pós-graduação credenciados. Além disso, a agência ainda dispõe de diversas linhas de fomento à pesquisa, concedendo auxílio para intercâmbio de pesquisadores estrangeiros, realizações de eventos, publicações etc. Uma contribuição importante da Capes para os pesquisadores brasileiros é a manutenção de um portal de periódicos. O órgão também desempenha papel relevante na avaliação dos programas de pós-graduação no Brasil e na análise de periódicos e publicações acadêmicas. Algumas atribuições da Capes são muito próximas daquelas do CNPq, como a concessão de bolsas para pós-graduação e estágio no exterior, inclusive com valores muito próximos e condições parecidas. No entanto, o CNPq enfatiza a pesquisa mesmo quando desenvolvida em instituições não acadêmicas, ao passo que a Capes prioriza a formação de profissionais para a atuação em Instituições de Ensino Superior (IES). Nesse sentido, podemos entender o fato de que esta última centraliza as atividades de avaliação dos programas de pós-graduação.

Tanto a Capes quanto o CNPq são instituições para fomento de pesquisa em todas as áreas, mas contam com pareceristas ou comitês específicos para avaliação de cada área em particular, entre elas a história. No *site* do CNPq, você pode encontrar uma tabela com os códigos de todas as áreas[2]. Sob a categoria "História", podemos encontrar ainda as especialidades: teoria e filosofia da história; história antiga e medieval; história moderna e contemporânea; história da América; história dos Estados Unidos; história latino-americana; história do Brasil; história do Brasil Colônia; história do Brasil Império; história do Brasil República; história regional do Brasil; e história das ciências. Ao submeter um projeto visando ao financiamento público, é sempre bom lembrar que sua pesquisa pode enquadrar-se melhor em outras áreas, como história da arquitetura e urbanismo, história econômica ou história da educação, por exemplo, que contam com avaliadores mais especializados nesses temas.

Uma das formas de ser contemplado com financiamento dessas agências é estar matriculado em um programa de pós-graduação *stricto sensu* credenciado pela Capes. Mas há outras maneiras, principalmente se você apresentar um projeto que atenda às regras dos editais que periodicamente são postados. Um dos grandes obstáculos, contudo, é que esses editais podem exigir que os projetos sejam apresentados por pesquisadores com doutorado. E mesmo que o edital admita projetos apresentados por bacharéis ou alunos de pós-graduação, como competir com outros pesquisadores com mais titulação e experiência na área de pesquisa e inovação? Uma forma de

---

[2] Disponível em: <http://www.cnpq.br/documents/10157/186158/TabeladeAreas doConhecimento.pdf>. Acesso em: 2 dez. 2020.

participar desses editais é estar vinculado a grupos de pesquisa cadastrados no CNPq. Desse modo, você pode participar de uma equipe maior e, com o tempo, adquirir mais experiência como pesquisador e constituir um currículo mais consistente. Além disso, quando se trabalha em grupo, aumenta-se a possibilidade de estar informado sobre novas oportunidades de financiamento, uma vez que as informações que qualquer um dos membros obtém são partilhadas com o restante da equipe. Você pode informar-se sobre grupos de pesquisa nas instituições universitárias próximas de sua localidade ou acessar o diretório de grupos de pesquisa do CNPq, disponível *on-line*[3].

Outra importante agência de financiamento de pesquisa é a Finep, vinculada ao MCTIC. Trata-se de uma empresa pública criada nos anos 1960 para administrar recursos públicos voltados ao desenvolvimento tecnológico e que, desde 1969, administra o FNDCT, atualmente composto por uma série de fundos setoriais de inovação. A Finep atua na concessão de **financiamentos reembolsáveis**, isto é, algo semelhante a empréstimos bancários, mas com juros menores que os de mercado, e com **financiamentos não reembolsáveis**, direcionados a programas de subvenção de empresas dos mais diversos setores da economia. O papel do Finep é bastante marcante no setor produtivo, tendo contribuído para o avanço tecnológico em setores como aviação, agropecuária ou exploração de petróleo. Na área de história, a atuação da Finep é menos óbvia, mas vale lembrar que seu objetivo primordial é a ampliação da inovação. Nesse sentido, projetos de história podem contribuir para a inovação social, entendida como "novas ideias (produtos, serviços e modelos) que simultaneamente vão ao encontro de necessidades sociais e criam novas relações e colaborações sociais", de acordo com a definição disponível em *The*

---

3   Disponível em: <http://lattes.cnpq.br/web/dgp>. Acesso em: 2 dez. 2020.

Open Book of Social Innovation (Murray; Caulier-Grice; Mulgan, 2010. p. 3, tradução nossa).

Além das agências financiadoras em âmbito federal, é preciso considerar a importância das Fundações Estaduais de Amparo à Pesquisa. Contando com verbas estaduais, essas instituições não só complementam as linhas de auxílio oferecidas, mas também contribuem para a descentralização do sistema público brasileiro de apoio à pesquisa. Como são muitas e apresentam particularidades regionais, é difícil fazer generalizações. Mas, de modo geral, todas elas concedem auxílio financeiro tanto a programas de pós-graduação quanto a projetos de pesquisa, desde que vinculados a instituições locais. Essas agências financiadoras estaduais se articulam entre si em nível nacional por meio do Conselho Nacional das Fundações Estaduais de Amparo à Pesquisa (Confap). Atualmente, esse órgão reúne 26 agências, uma para cada unidade federativa, exceto Roraima. Observe, a seguir, a lista das fundações:

- **Fundação de Amparo à Pesquisa do Acre (Fapac)**
  Rua das Acácias, n. 279 (próximo à UFAC/prédio da Funtac), Bairro Distrito Industrial, Rio Branco/AC. CEP: 69920-175.
  Telefone: (68) 3213-3161
  E-mail: gabinete.fapac@ac.gov.br
  Site: <http://www.fapac.ac.gov.br/>
- **Fundação de Amparo à Pesquisa do Estado de Alagoas (Fapeal)**
  Rua Melo Moraes, n. 354, Centro, Maceió/AL. CEP 57020-330.
  Telefone: (82) 3315-2200
  E-mail: atendimento@fapeal.br
  Site: <http://www.fapeal.br/>

- **Fundação de Amparo à Pesquisa do Estado do Amapá (Fapeap).**
  Centro de Incubação de Empresas, Ramal da Unifap, KM 02 da Rodovia JK, Bairro Marco Zero, Macapá/AP. CEP: 68903-329.
  Telefone: (96) 3223-8580
  E-mail: fapeap@fapeap.ap.gov.br
  Site: <http://www.fapeap.ap.gov.br/>
- **Fundação de Amparo à Pesquisa do Estado do Amazonas (Fapeam).**
  Rua Sobradinho, n. 100, Flores, Manaus/AM. CEP: 69058-793.
  Telefone: (92) 3878-4000
  E-mail: decon@fapeam.am.gov.br
  Site: <http://www.fapeam.am.gov.br/>
- **Fundação de Amparo à Pesquisa do Estado da Bahia (Fapesb).**
  Rua Aristides Novis, n. 203, Colina de São Lázaro, Federação, Salvador/BA. CEP: 40210-720.
  Telefone: (71) 3116-7600
  Site: <http://www.fapesb.ba.gov.br/>
- **Fundação Cearense de Apoio ao Desenvolvimento Científico e Tecnológico (Funcap)**
  Avenida Oliveira Paiva, n. 941, Bairro Cidade dos Funcionários, Fortaleza/CE. CEP: 60822-130.
  Telefone: (85) 3101-2170
  E-mail: imprensa@funcap.ce.gov.br
  Site: <http://www.funcap.ce.gov.br/>

- **Fundação de Apoio à Pesquisa do Distrito Federal (FAPDF)**
  Granja do Torto Lote 04, Parque Tecnológico Biotic, Brasília/DF.
  CEP: 70636-000.
  Telefone: (61) 3462-8800
  E-mail: fap@fap.df.gov.br
  Site: <http://www.fap.df.gov.br/>
- **Fundação de Amparo à Pesquisa e Inovação do Espírito Santo (Fapes)**
  Av. Fernando Ferrari, n. 1.080, Ed. América Centro Empresarial, Torre Norte, 7° andar, Mata da Praia, Vitória/ES. CEP: 29066-380.
  Telefone: (27) 3636-1851
  E-mail: dipre@fapes.es.gov.br
  Site: <http://www.fapes.es.gov.br/>
- **Fundação de Amparo à Pesquisa do Estado de Goiás (Fapeg)**
  Rua Dona Maria Joana (Travessa da Av. 83), Quadra 12, n. 150, Setor Sul, Goiânia/GO. CEP: 74083-140.
  Telefone: (62) 3201-8081
  E-mail: comunicacao@fapeg.go.gov.br
  Site: <http://www.fapeg.go.gov.br/>
- **Fundação de Amparo à Pesquisa e ao Desenvolvimento Científico e Tecnológico do Maranhão (Fapema)**
  Rua Perdizes, Quadra 37, n. 5, Jardim Renascença, São Luís/MA.
  CEP: 65075-340.
  Telefone: (98) 2109-1400
  E-mail: gabinete@fapema.br
  Site: <http://www.fapema.br/>

- **Fundação de Amparo à Pesquisa do Estado de Mato Grosso (Fapemat)**
  Rua 03, s/n, 2º andar, Prédio da SECITEC – Centro Político Administrativo CTA, Cuiabá/MT. CEP: 78049-060.
  Telefone: (65) 3613-3500
  E-mail: presidencia@fapemat.mt.gov.br
  Site: <http://www.fapemat.mt.gov.br/>
- **Fundação de Apoio ao Desenvolvimento do Ensino, Ciência e Tecnologia do Estado de Mato Grosso do Sul (Fundect)**
  Rua São Paulo, n. 1.436, Vila Célia, Campo Grande/MS. CEP: 79010-050.
  Telefone: (67) 3316-6700
  E-mail: secretaria@fundect.ms.gov.br
  Site: <http://www.fundect.ms.gov.br/>
- **Fundação de Amparo à Pesquisa do Estado de Minas Gerais (Fapemig)**
  Av. José Cândido Da Silveira, n. 1.500, Bairro Horto, Belo Horizonte/MG. CEP: 31035-536.
  Telefone: (31) 3280-2151
  E-mail: gabinete@fapemig.br
  Site: <http://www.fapemig.br/>
- **Fundação Amazônia de Amparo a Estudos e Pesquisas do Pará (Fapespa)**
  Av. Gentil Bittencourt, n. 1.686 (Travessa Nove de Janeiro), Bairro São Bráz, Belém/PA. CEP: 66040-172.
  Telefone: (91) 3323-2550
  E-mail: fapespa@fapespa.pa.gov.br
  Site: <http://www.fapespa.pa.gov.br/>

- **Fundação de Apoio à Pesquisa do Estado da Paraíba (Fapesq)**
  Rua Emiliano Rosendo Silva, s/n, Bodocongó, Campina Grande/PB. CEP: 58429-690.
  Telefone: (83) 3333-2600
  E-mail: fapesq@fapesq.rpp.br
  Site: <http://www.fapesq.rpp.br/>
- **Fundação Araucária de Apoio ao Desenvolvimento Científico e Tecnológico do Estado do Paraná (FA)**
  Av. Comendador Franco, n. 1.341, Jardim Botânico, Curitiba/PR. CEP: 80215-090.
  Telefone: (41) 3218-9271
  E-mail: secretaria@fundacaoaraucaria.org.br
  Site: <http://www.fappr.pr.gov.br/>
- **Fundação de Amparo à Ciência e Tecnologia do Estado de Pernambuco (Facepe)**
  Rua Benfica, n. 150, Bairro da Madalena, Recife/PE. CEP: 50720-001.
  Telefone: (81) 3181-4600
  E-mail: asscom@facepe.br
  Site: <http://www.facepe.br/>
- **Fundação de Amparo à Pesquisa do Estado do Piauí (Fapepi)**
  Av. Odilon Araújo, n. 372, Piçarra, Teresina/PI. CEP: 64017-280.
  Telefone: (86) 3216-6090
  E-mail: fapepi@fapepi.pi.gov.br
  Site: <http://www.fapepi.pi.gov.br/>

- **Fundação Carlos Chagas Filho de Amparo à Pesquisa do Estado do Rio de Janeiro (Faperj)**
Av. Erasmo Braga, n. 118, 6º andar, Centro, Rio de Janeiro/RJ.
CEP: 20020-000.
Telefone: (21) 2333-2000
E-mail: presidencia@faperj.br
Site: <http://www.faperj.br/>
- **Fundação de Apoio à Pesquisa do Estado do Rio Grande do Norte (Fapern)**
BR 101 – km 94, Centro Administrativo, s/n, Lagoa Nova, Natal/RN. CEP: 59064-901.
Telefone: (84) 3232-1731
E-mail: gabinetepresidenciafapern@gmail.com
Site: <http://www.fapern.rn.gov.br/>
- **Fundação de Amparo à Pesquisa do Estado do Rio Grande do Sul (Fapergs)**
Av. Borges de Medeiros, n. 261, 2º andar, Centro Histórico, Porto Alegre/RS. CEP: 90020-021.
Telefone: (51) 3221-4922
E-mail: fapergs@fapergs.rs.gov.br
Site: <http://www.fapergs.rs.gov.br/>
- **Fundação de Amparo ao Desenvolvimento das Ações Científicas e Tecnológicas e à Pesquisa do Estado de Rondônia (Fapero)**
Av. Presidente Dutra, n. 3.004, Bairro Caiari, Porto Velho/RO.
CEP: 76801-156.
Telefone: (69) 3216-5127
E-mail: fundacaorondonia@gmail.com
Site: <http://www.fapero.ro.gov.br/>

- **Fundação de Amparo à Pesquisa e Inovação do Estado de Santa Catarina (Fapesc)**
  Parque Tecnológico ALFA, Rodovia SC – 401, km 01, Florianópolis/SC.
  Telefone: (48) 3665-4802
  E-mail: fapesc@fapesc.sc.gov.br
  Site: <http://www.fapesc.sc.gov.br/>
- **Fundação de Amparo à Pesquisa do Estado de São Paulo (Fapesp)**
  Rua Pio XI, n. 1.500, Alto da Lapa, São Paulo/SP. CEP: 05468-901.
  Telefone: (11) 3838-4000
  E-mail: dpcta@fapesp.br
  Site: <http://www.fapesp.br/>
- **Fundação de Apoio à Pesquisa e à Inovação Tecnológica do Estado de Sergipe (Fapitec)**
  Travessa Baltazar Gois, n. 86, Edifício Estado de Sergipe (Maria Feliciana), 10º andar, Centro, Aracaju/SE. CEP: 49010-907.
  Telefone: (79) 3259-3007
  E-mail: fapitec@fapitec.se.gov.br
  Site: <http://www.fapitec.se.gov.br/>
- **Fundação de Amparo à Pesquisa do Estado do Tocantins (Fapt)**
  Esplanada das Secretarias – Praça dos Girassóis – AANE, Prédio da Secretaria de Indústria e Comércio do Estado do Tocantins – Palmas, Plano Diretor Sul, Palmas/TO. CEP: 77001-002.
  Telefone: (63) 3218-1382
  E-mail: asgab@fapt.to.gov.br.
  Site: <http://www.fapt.to.gov.br/>.

Síntese

No sistema educacional brasileiro, existem duas grandes modalidades de pós-graduação: a *lato sensu*, que abrange os cursos de aperfeiçoamento e especialização, e a *stricto sensu*, que engloba os cursos de mestrado e doutorado. A pós-graduação *lato sensu* é mais simples e emite certificados, ao passo que a pós-graduação *stricto sensu* é mais complexa e emite diploma. Os cursos de mestrado e doutorado mais bem avaliados recebem bolsas que são repassadas aos alunos. No entanto, há agências financiadoras que concedem bolsas sob demanda, isto é, a partir de solicitações do pós-graduando e de seu orientador. Os cursos de pós-graduação *stricto sensu* envolvem uma intensa atividade de pesquisa, que tem como resultado final uma dissertação, no caso do mestrado, ou uma tese, no caso do doutorado.

O ingresso em cursos de mestrado e doutorado é geralmente realizado por meio de processo seletivo, cujos procedimentos são explicitados em edital. Normalmente, os programas de pós-graduação requerem que os candidatos enviem um projeto de pesquisa e um *curriculum vitae*, bem como que se submetam a uma prova escrita de conteúdo teórico-metodológico e a uma prova de proficiência em língua estrangeira. No processo seletivo, é importante enviar um projeto congruente com as linhas do programa no qual se deseja ingressar, desenvolver um argumento sólido na prova escrita e, em caso de entrevista, demonstrar confiança, evitando tanto uma atitude de arrogância quanto de subserviência.

As principais agências de fomento à pesquisa em âmbito federal são o Conselho Nacional de Desenvolvimento Científico e Tecnológico (CNPq), a Coordenação de Aperfeiçoamento de Pessoal de Nível Superior (Capes) e a Financiadora de Estudos e Projetos (Finep). O CNPq é um órgão do governo federal voltado ao incentivo à pesquisa e ligado ao Ministério da Ciência, Tecnologia, Inovações e Comunicações (MCTIC), que concede apoio financeiro a programas de pós-graduação, institutos de pesquisa e pesquisadores individuais. O CNPq mantém um cadastro dos grupos de pesquisa no país. Já a Capes é uma fundação ligada ao Ministério da Educação (MEC) e, analogamente ao CNPq, mantém linhas de financiamento a instituições e pesquisadores brasileiros, além de contar com um sistema de avaliação da pós-graduação no Brasil e de fornecer serviços importantes de apoio à pesquisa no Brasil, como o portal de periódicos. Por fim, a Finep, vinculada ao MCTIC, é uma empresa pública que administra o Fundo Nacional de Desenvolvimento Científico e Tecnológico (FNDCT), atualmente composto por uma série de fundos setoriais de inovação, e que atende principalmente projetos de inovação para o meio empresarial. Além das agências financiadoras federais, existem as de âmbito estadual, reunidas no Conselho Nacional das Fundações Estaduais de Amparo à Pesquisa (Confap).

Indicações culturais

CNPq – Conselho Nacional de Desenvolvimento Científico e Tecnológico. Disponível em: <http://www.cnpq.br> Acesso em: 2 dez. 2020.

Site do Conselho Nacional de Desenvolvimento Científico e Tecnológico (CNPq), com *links* para informações institucionais, bolsas e auxílios, programas, prêmios, popularização da ciência, comunicação, parceria e serviços.

CAPES – Coordenação de Aperfeiçoamento de Pessoal de Nível Superior. Disponível em: <https://www.capes.gov.br/>. Acesso em: 2 dez. 2020.

Site da Coordenação de Aperfeiçoamento de Pessoal de Nível Superior (Capes), com *links* para informações institucionais, avaliação de cursos e publicações, bolsas e auxílios, editais abertos, entre outros.

DOIS Pontos discute financiamento de pesquisa. Disponível em: <https://www.youtube.com/watch?v=wxMeB8Tk-nI>. Acesso em: 2 dez. 2020.

Entrevista com especialistas sobre o papel da Fundação de Desenvolvimento da Pesquisa (Fundep), por ocasião dos 45 anos de aprovação de sua criação pelo Conselho Universitário da Universidade Federal de Minas Gerais (UFMG). É interessante para conhecer aspectos relacionados ao financiamento público da pesquisa acadêmica e, ao mesmo tempo, as dificuldades que as fundações enfrentam.

FIOCRUZ – Fundação Oswaldo Cruz: uma instituição a serviço da vida. **Unidiversidade – Universidade Pública em Crise.** Programa gravado no campus da Praia Vermelha da Universidade Federal do Rio de Janeiro (UFRJ) e exibido em 21 de março de 2016. Disponível em: <https://portal.fiocruz.br/video/unidiversidade-universidade-publica-em-crise>. Acesso em: 2 dez. 2020.

O vídeo presente neste *link* trata do impacto da crise financeira nos programas de pesquisa nas universidades públicas.

CNPq e Capes: deputados analisam soluções para o financiamento da pesquisa. Disponível em: <https://www.youtube.com/watch?v=gmZ-6wnQc8U> Acesso em: 2 dez. 2020.

Entrevista sobre financiamento público da pesquisa em âmbito federal com os deputados Professor Israel Batista, do PV do Distrito Federal, e General Peternelli, do PSL de São Paulo. Exibido pela TV Câmara, em 23 de setembro de 2019.

BRUNO, I.; SIMKA, S. (Org.). **Contos para ler na universidade.** São Paulo: Iglu, 2009.

Coletânea de histórias sobre situações e personagens envolvendo o dia a dia na universidade. É interessante ao apresentar alguns aspectos do cotidiano da pesquisa acadêmica.

BARRETO, A. H. de L. **Recordações do escrivão Isaias Caminha.** São Paulo: Martin Claret, 2010.

Romance de um escritor clássico da literatura brasileira sobre as dificuldades de ingresso na universidade.

Atividades de autoavaliação

1. Assinale a alternativa correta:
    a) Programas de pós-graduação em nível de aperfeiçoamento ou especialização são chamados de *lato sensu*, e programas de mestrado e doutorado constituem a pós-graduação *stricto sensu*.
    b) Para a atuação como docente no magistério superior, é imprescindível o título de mestre ou doutor.

c) Embora a tese de doutorado não tenha a exigência de originalidade, o plágio é desaconselhável, uma vez que compromete a estética do trabalho.
d) A abreviatura correta para o grau de mestre no Brasil é Msc., e para o de doutor, PhD.
e) Diplomas e certificados têm a mesma função administrativa e profissional, que se refere a confirmar a realização de um mestrado ou doutorado.

2. Assinale a alternativa correta:
a) Nas seleções de candidatos a programas de pós-graduação *stricto sensu*, a apresentação de um projeto de pesquisa costuma ser opcional.
b) Como em nosso país não existem dispositivos legais para o controle da lisura de processos seletivos de mestrado e doutorado, o padrão adotado no Brasil é a naturalização da parcialidade.
c) Uma boa prova escrita em processo seletivo de pós-graduação é aquela estruturada na forma de minirresenhas dos itens da bibliografia.
d) Em uma entrevista em processo seletivo de mestrado, é importante que o candidato assuma uma atitude de equilíbrio, aceitando críticas pertinentes dos avaliadores, mas evitando uma posição de subserviência.
e) Na prova escrita, você deve mostrar sua originalidade refletindo sobre o tema proposto sem levar em conta a bibliografia da área, mesmo que ela esteja no edital.

3. Avalie as assertivas a seguir e indique V para as verdadeiras e F para as falsas.

( ) Os programas de pós-graduação no Brasil são avaliados pela Capes, e o número de bolsas que o programa recebe dessa agência depende da nota obtida.

( ) A Capes e o CNPq atuam unicamente com a concessão de bolsas de estudo, de modo que os demais auxílios financeiros devem ser solicitados às agências estaduais.

( ) O financiamento público da pesquisa é necessário em países emergentes, mas tende a atingir níveis próximos de zero em países desenvolvidos, que contam com apoio da iniciativa privada.

( ) O financiamento público da pesquisa em história no Brasil encontra suas raízes com as dotações orçamentárias do Estado por ocasião da criação do Instituto Histórico e Geográfico Brasileiro.

( ) O financiamento de pesquisa no Brasil é uma atividade essencialmente privada, em especial na área de ciências humanas. Por isso, é preciso vincular-se a alguma empresa para realizar pesquisas acadêmicas.

Agora, assinale a alternativa que apresenta a sequência obtida:

a) V, V, F, F, F.
b) F, V, F, F, V.
c) V, F, F, V, F.
d) V, V, V, V, F.
e) F, F, V, F, F.

4. Leia as afirmações a seguir e, na sequência, assinale a alternativa correta:

I) A expansão da pesquisa no Brasil no século XX ocorreu de forma articulada à expansão da pós-graduação e das linhas de financiamento público da Capes e do CNPq.

II) A Finep concede apoio financeiro exclusivamente na forma de financiamentos não reembolsáveis ou a fundo perdido.

a) Somente a afirmação I está correta.
b) Somente a afirmação II está correta.
c) As afirmações I e II estão corretas.
d) Nenhuma das afirmações está correta.
e) As duas afirmações estão parcialmente corretas.

5. Leia o trecho a seguir e, na sequência, assinale a alternativa correta:

Embora criado por iniciativa da Sociedade Auxiliadora da Indústria Nacional, o Instituto Histórico organiza-se administrativamente independente daquela instituição. Os estatutos definem um número de cinquenta membros ordinários (25 na Seção de História e 25 na Seção de Geografia), um número ilimitado de sócios correspondentes nacionais e estrangeiros, além de sócios de honra. Já por ocasião da sua reunião de constituição, a 1º de dezembro de 1838, o Instituto Histórico colocava-se sob a proteção do imperador, proteção esta que terá como expressão uma ajuda financeira que a cada ano significará uma parcela maior do orçamento da instituição. Cinco anos após a sua fundação, as verbas do Estado Imperial já representavam 75% do orçamento do IHGB, porcentagem que tendeu a se manter constante ao longo do século XIX. Tendo em vista que, para a realização de seus projetos especiais, tais como viagens exploratórias, pesquisas e coletas de material em arquivos estrangeiros, o IHGB se via obrigado a recorrer ao Estado com o pedido de verbas extras, pode-se avaliar como decisiva a ajuda do Estado para a sua existência material.

Tais injunções têm de ser necessariamente pesadas quando se pensa o Instituto Histórico e Geográfico Brasileiro enquanto produtor de uma certa historiografia, cujos limites são dados pelo lugar onde ela é produzida, lugar este que traz as marcas e as fronteiras do Estado Nacional.

(Guimarães, 1988, p. 9)

a) O texto refere-se à generosidade extrema do imperador D. Pedro I, um legítimo apoiador das artes e das ciências no Brasil.

b) Os recursos financeiros citados no texto referem-se a uma forma de financiamento privado no Brasil, visto que a verba vinha da fortuna pessoal do imperador.

c) Salgado Guimarães foi um eminente historiador do século XIX, mas ele tinha pouca afeição aos dados estatísticos e à cronologia dos fatos; por isso, sua afirmação está incorreta.

d) Essas verbas, concedidas pelo Estado brasileiro, foram fundamentais para o custeio de viagens de pesquisa e coletas de material em arquivos estrangeiros.

e) Todas as afirmações anteriores estão corretas.

Atividades de aprendizagem

Questões para reflexão

1. Qual é a diferença entre as pós-graduações *lato sensu e stricto sensu?* Que graus acadêmicos são relativos a cada uma dessas categorias?

2. Por que o financiamento público à pesquisa é importante? De que forma os governos federal e estadual concedem auxílio financeiro aos pesquisadores acadêmicos?

3. Quais são as semelhanças e diferenças entre a Capes, o CNPq e a Finep em suas linhas de financiamento à pesquisa?

Atividade aplicada: prática

1. Faça uma pesquisa na internet e procure por editais de seleção de candidatos a programas de pós-graduação. Selecione dois deles e anote as principais informações relativas às exigências burocráticas e aos critérios de avaliação. Ao final, elabore um quadro indicando as semelhanças e as diferenças entre os dois editais.

Capítulo 6
História, mercado e
captação de recursos

Toda instituição tem história. Isso não é novidade, e você já deve ter pensado sobre o assunto, mas o que talvez tenha lhe passado despercebido é que a maioria das instituições, públicas ou privadas, tem orgulho de sua própria história e costuma construir em torno dela traços relevantes de sua identidade. Não é incomum, inclusive, que nossa confiança em uma instituição leve em conta sua trajetória, pois nela podemos reconhecer quais valores efetivamente foram construídos.

A história institucional, muitas vezes, aparece na forma de livros comemorativos, com capa dura e farto material fotográfico, nos quais são narrados com eloquência os momentos dramáticos e as experiências de superação e sucesso das instituições. Outras vezes, as instituições financiam a produção de vídeos ou criam um "projeto" com uma exposição fotográfica e, eventualmente, objetos antigos. Ou, ainda, de forma mais simples, apresentam em seus *sites* uma aba dedicada a contar sua história em alguns parágrafos.

A despeito dessa evidente importância social da história, há certa dificuldade em vê-la como um produto de mercado e, consequentemente, como objeto de uma atividade remunerada. Mas não podemos esquecer que a produção de conhecimento histórico, quando conduzida de modo apropriado, a partir do método histórico, é resultado de um trabalho humano e que, portanto, tem valor econômico.

Sob essa ótica, neste capítulo, contemplaremos algumas questões relacionadas à história vista como mercadoria, além de alguns campos em que ela é valorizada nesse sentido. Explicaremos, também, como é importante para o historiador saber captar e gerenciar os recursos materiais e humanos no desenvolvimento de seus projetos.

(6.1)
HISTÓRIA E MERCADO

Em 1998, o jornalista gaúcho Eduardo Bueno lançou um livro intitulado *A viagem do descobrimento*, seguido de outro, *Náufragos, traficantes e degredados*, ainda no mesmo ano, e *Capitães do Brasil*, no ano seguinte. Essas três obras eram parte da Coleção Brasilis, lançada pela Editora Objetiva, visando ao crescente interesse público pelos temas com a proximidade das comemorações relativas aos quinhentos anos da descoberta do Brasil. Logo nos primeiros anos, a coleção alcançou uma vendagem de centenas de milhares de unidades, trazendo um lucro considerável à editora e um retorno financeiro invejável ao autor, além de contribuir para a projeção de sua carreira de escritor.

Esse episódio ilustra dois aspectos importantes do conhecimento histórico. O primeiro é seu potencial como mercadoria. Os índices de leitura no Brasil ainda são relativamente pequenos, é preciso admitir. Uma pesquisa divulgada pelo Instituto Pró-Livro, em 2016, por exemplo, indicou que o brasileiro lê, em média, apenas cerca de 2,43 livros por ano (Failla, 2016). No entanto, esse número vem crescendo em relação às pesquisas anteriores do mesmo instituto. Além disso, não podemos ignorar o fato de que há publicações periódicas vendidas em bancas de jornal, programas documentários e séries de televisão com foco na história e que, entre os livros de não ficção mais vendidos, grande parte deles é de livros de história. As biografias são particularmente apreciadas pelo público leitor. Páginas de internet com conteúdo histórico, tanto enciclopédicos, como a Wikipédia, quanto tantos outros, especializados ou não, em diferentes graus de aprofundamento, existem e proliferam constantemente. Em outras palavras, a produção e a divulgação de conhecimento histórico constituem uma parcela importante do mercado editorial e audiovisual, mas que pode ser ampliada.

O segundo aspecto é que, a despeito de haver uma demanda expressiva por conhecimento histórico, em geral os profissionais com formação acadêmica em História exploram relativamente pouco esse mercado. Eduardo Bueno, por exemplo, não é historiador, mas jornalista. Autores de destaque no mercado editorial, que publicaram obras de história, como Laurentino Gomes, Elio Gaspari, Reinaldo José Lopes e Rodrigo Alvarez, também são jornalistas. Jessé Souza tem formação em Direito e Sociologia. Paulo Rezzutti é arquiteto. José Murilo de Carvalho é cientista social. É claro que há historiadores entre esses autores de *best-sellers*, como Mary Del Priori, Lilia Moritz Schwarcz e Leandro Karnal. Mas a presença pouco expressiva de historiadores revela que nossa formação nem sempre se preocupa com a divulgação do conhecimento e que, de certa forma, os cursos acadêmicos desvalorizam um aspecto relevante do mercado de trabalho.

Os motivos que levam a essa relativa escassez de historiadores no mercado de produção de conhecimento histórico são variados e demandariam um estudo à parte, tal seu grau de complexidade. Mas, a título de exemplo, podemos mencionar alguns. Primeiramente, precisamos considerar que a profissionalização de história no Brasil, assim como no resto do mundo, é um processo que ocorreu a partir do século XIX, acompanhando a formação e a consolidação dos estados nacionais modernos.

A primeira cátedra de História na Universidade de Berlim, conforme mencionamos no capítulo anterior, tinha um objetivo político, o de contribuir para a unificação cultural dos reinos que mais tarde se unificariam, dando origem à atual Alemanha. No Brasil, um dos principais propósitos do Instituto Histórico e Geográfico Brasileiro (IHGB), pouco depois de sua fundação, era o de definir historicamente os elementos constituintes da nacionalidade brasileira. Na França, a escola metódica de História desenvolveu-se em sintonia com a escrita de materiais escolares sobre a história da França, com o objetivo de inspirar na juventude um espírito nacionalista.

Nos dias de hoje, é normal que a pesquisa historiográfica continue dependendo de financiamento público como forma de atender a uma política de Estado. Isso, porém, não significa que a história deva limitar-se a esse objetivo, como de fato não se limita.

Outro fator pelo qual muitos historiadores não vislumbram de modo adequado o potencial mercadológico de seu trabalho tem a ver com a percepção equivocada de que o saber histórico não tenha demanda. Além disso, o acesso exponencial à informação, que é propiciado pela internet, muitas vezes causa a falsa impressão de que a produção de conhecimento perde, com isso, seu valor de mercado.

Nesse sentido, é interessante comparar o conhecimento histórico a outro produto, a fotografia. Tal como ocorre com o saber historiográfico, de fácil acesso na internet, também as imagens fotográficas têm se multiplicado nas mais diversas plataformas digitais. E por qual motivo alguém, nos dias atuais, contrataria os serviços de um fotógrafo profissional se quase todos nós dispomos de telefones celulares com câmeras de alta qualidade? A resposta a essa pergunta é que o fotógrafo profissional domina técnicas muito além do alcance de pessoas sem formação na área, o que lhe permite não só produzir fotos de qualidade superior, mas também mais adequadas às expectativas de seus clientes. Com a história ocorre algo análogo, pois o conhecimento histórico disponível em *blogs* e redes sociais não passa de uma caricatura em comparação com o que o historiador com formação acadêmica é capaz de produzir. E devemos lembrar que os *sites* confiáveis são quase sempre aqueles que têm recursos financeiros para se manter e que, por isso, podem remunerar profissionais gabaritados para a produção de conteúdo.

Podemos ir um pouco mais longe com a analogia relacionada à fotografia. Será que basta ao fotógrafo possuir equipamento profissional e dominar sofisticadas técnicas de composição e edição? A resposta para essa pergunta, de modo muito simples, é: não! Pelo contrário, há no mercado muitos fotógrafos que possuem equipamento simples e formação básica, mas com bom faturamento, justamente porque conhecem o mercado em que atuam e utilizam estratégias para atrair e fidelizar seus clientes. De modo semelhante, o historiador deve ser competente como pesquisador, mas é importante que esteja em sintonia com o mercado em que atua. Também é essencial que saiba desenvolver estratégias de captação de recursos. Antes, porém, de avançarmos para essa questão, vamos analisar dois importantes conceitos que envolvem a atividade profissional do historiador: o de história pública e o de história empresarial.

Em síntese, o mercado editorial está repleto de *best-sellers* de história cujos autores têm formação em outras áreas. Esse fato atesta, ao mesmo tempo, o potencial da história como mercadoria e a presença insuficiente de historiadores nessa área. Os historiadores em geral tendem a ver seu trabalho como uma contribuição para a formação dos cidadãos, mas o valor da área ultrapassa essa função política. A história tem um valor econômico que os historiadores devem saber administrar como modo de ascenderem em sua carreira profissional. Para tanto, é preciso não somente de conhecimentos relativos ao método histórico e à realização de projetos de história, mas também uma familiaridade com questões de administração pessoal e empresarial.

(6.2)
HISTÓRIA PÚBLICA

História pública é um conceito que tem recebido cada vez mais a atenção dos historiadores profissionais e que está diretamente relacionado ao potencial mercadológico da história. Essa expressão designa o conjunto de atividades por meio das quais o historiador atende a um público não acadêmico, como em ações do governo, empresas particulares, ações sociais etc. Nesse sentido, a história pública responde a um ímpeto do historiador de alcançar um público mais amplo e não especializado, e se manifesta na forma de ativismo político, atividades de consultoria e curadoria, preservação do patrimônio, literatura, fotografia, livros, programas de televisão, rádio e *podcast*, entre outros.

A expressão *história pública* foi cunhada originalmente pelo historiador estadunidense Robert Kelley, em 1976. Para esse autor, a história pública "se refere à atuação dos historiadores e do método histórico fora da academia: no governo, em corporações privadas, na mídia, em sociedades históricas e museus, até mesmo em escritórios particulares" (Kelley, citado por Cauvin, 2019, p. 10). Tratava-se de um contexto em que recém-formados em História tinham dificuldade em encontrar trabalho como docentes nas universidades e buscavam desenvolver atividades de pesquisa voltadas a um público não acadêmico. A mesma proposta já havia sido colocada em outros termos, como **história privada** (já que não se tratava exatamente de uma história da esfera pública, ou seja, das instituições governamentais) ou **história popular** (uma vez que se visava atender aos interesses do público em geral, e não somente daquele das universidades) (Novick, 1988). Mas essas expressões também eram causa de ambiguidade. Já havia uma corrente chamada **história da vida privada**, que enfatizava o estudo do modo como as pessoas do passado se comportavam na intimidade. E *história popular* parecia soar como uma história para as massas populares, com fins de manipulação ideológica. O fato é que a expressão *história pública* ganhou força e hoje constitui uma tendência importante entre os profissionais de história.

De acordo com o *site* do Conselho Nacional de História Pública dos Estados Unidos (National Council on Public History – NCPH), os historiadores dessa vertente

> definem a si mesmos como consultores históricos, profissionais de museus, historiadores do governo, arquivistas, historiadores orais, gerentes de recursos culturais, curadores, produtores de audiovisual, intérpretes históricos, preservacionistas históricos, conselheiros de política, historiadores locais e ativistas comunitários, entre muitas, muitas outras descrições de seus trabalhos. (NCPH, 2020, tradução nossa)

Como você pode perceber, trata-se de uma categoria bastante ampla e até um tanto vaga, que parece definir-se mais como uma oposição à história acadêmica do que em função de princípios comuns. Na realidade, é mais do que isso. Trata-se de congregar todas essas atividades não acadêmicas do profissional de história sob uma compreensão renovada da relação entre o historiador e seus diferentes públicos. Em outras palavras, a história pública busca alcançar e motivar um público que tem interesse pela história, mas a consome a partir de elementos culturais esparsos, que pouco ou nada têm a ver com os resultados de pesquisa de historiadores profissionais.

Não há nada de novo nesse ímpeto de alcançar o público não especializado, que tem interesse no estudo da história, mas a aprende de forma acrítica. Leopold von Ranke, um influente historiador alemão do século XIX, já se posicionava de modo parecido, condenando autores de literatura que representavam o passado de modo impreciso, e elogiando a verdade histórica, para ele "mais bela e, de qualquer maneira, mais interessante do que toda ficção romântica" (Von Ranke, citado por Benatte, 2014, p. 69). Provavelmente, hoje esse ímpeto seja mais premente, com a circulação de notícias falsas e concepções pseudocientíficas, como o terraplanismo. No caso da história, somos confrontados com noções absurdas e sem fundamento, mas que ganham adeptos em razão da difusão de informação desacompanhada de um instrumental crítico adequado. A negação da existência das câmaras de gás em Auschwitz ou a ideia esdrúxula de que os africanos se entregavam voluntariamente à escravidão nas Américas são exemplos dessa tendência, que se convencionou chamar de *negacionismo histórico*. Na atualidade, mais do que nunca, o historiador deve deslocar seu discurso para um público mais amplo e cada vez mais necessitado de referências históricas seguras.

A divulgação científica do conhecimento histórico produzido dentro de ambientes acadêmicos é, atualmente, um dos maiores desafios para os historiadores, e é algo em que os profissionais dedicados à história pública se debruçam. Como tornar um conhecimento especializado, um texto extenso, muitas vezes de difícil compreensão, recheado de notas de rodapé, referências e conceitos abstratos, palatável e inteligível? Faz-se necessário um esforço de "tradução", de síntese e de promoção de estratégias de ampliação referentes às possibilidades de alcance desse conhecimento. Igualmente, de que forma ampliar o entendimento de que o método historiográfico pode verificar com certa precisão (dentro dos limites do que é possível conhecer cientificamente) questões do passado? Como é possível demonstrar que os "negacionismos" são falsos?

A história pública parte do pressuposto de que a consciência histórica é parte essencial da nossa cultura e que somos consumidores de conhecimento histórico, mesmo que, por vezes, não nos demos conta disso. Muitas pessoas que nunca deram tanto valor à história que aprendiam nos bancos escolares, ainda assim, podem interessar-se por documentários e séries que tematizem contextos históricos, acompanhar novelas de época na televisão, fazer viagens de turismo a locais de relevância histórica, gostar de fotos antigas ou se interessar pela árvore genealógica da própria família. Isso significa que essas pessoas, de fato, têm interesse pela história, mas o historiador só poderá atendê-las caso se disponha a repensar as formas por meio das quais ele tradicionalmente se relaciona com os mais diversos públicos.

A história pública manifesta-se de formas variadas. Uma possibilidade é o ativismo político, isto é, o engajamento em ações civis que visam ao estabelecimento da justiça social. Exemplo disso seria a atuação de historiadores em disputas pelas terras indígenas e quilombolas, ou sua participação em processos de reparação, como foi o caso da Comissão Nacional da Verdade, em 2012. Outra possibilidade reside na atuação do historiador como curador ou consultor. Nesses casos, o profissional de história se coloca como mediador entre o conhecimento acadêmico e a apresentação desse conhecimento ao público não especializado, na forma de exposições ou produções audiovisuais, por exemplo. A história pública pode estar presente, ainda, em outros âmbitos, como preservação do patrimônio, literatura, fotografia, livros de divulgação do conhecimento histórico ou programas de televisão, rádio e *podcast*. Outro campo importante, ainda que menos conhecido, é a história empresarial, da qual trataremos a seguir.

(6.3)
História empresarial

O trabalho com a história empresarial trata de atender a uma necessidade de muitas empresas de produção do conhecimento acerca de suas origens e de seu desenvolvimento, seja para firmar sua identidade social, seja para aprimorar a gestão, ou por uma questão de *marketing*, criando vínculos mais fortes com clientes e funcionários. Ao atuar na recuperação da memória histórica de uma empresa, o historiador se depara com o problema das fontes, que podem ser variadas. Chamam atenção, em especial, as fontes oficiais da própria empresa e os depoimentos orais das pessoas que nela atuam ou que com ela se relacionam. Muitas das informações que podem ser pertinentes à pesquisa histórica são também sigilosas por questões estratégicas da própria organização. Para resolver possíveis conflitos de interesse entre o historiador e as empresas que ele estuda, é importante sempre iniciar o trabalho a partir de um contrato firmado por ambas as partes.

Uma situação comum no meio empresarial é o empregado recém-contratado sentir-se desorientado, pois, por mais que tenha capacitação e experiência, falta-lhe familiaridade com o espaço, as pessoas e a rotina do novo ambiente de trabalho. E, muitas vezes, por mais que o empregado consiga adaptar-se a esse novo contexto de trabalho, funcionários mais antigos podem acreditar que têm um pertencimento maior pelo fato de acompanharem há mais tempo o desenvolvimento da empresa e conhecerem melhor as mudanças pelas quais ela passou. Embora o tempo de empresa seja um indicativo impreciso da qualidade do trabalho de um funcionário, esse fator aponta para o fato de que valorizamos a memória e a história dos espaços a que pertencemos. Para uma organização empresarial, portanto, conhecer e cultivar a própria história não é algo supérfluo, mas contribui decisivamente para o aprimoramento da gestão.

A história empresarial é uma área de estudos relativamente nova no Brasil, e a maior parte da bibliografia disponível trata de organizações estadunidenses ou europeias. O interesse crescente por esse tema se deve a uma maior compreensão do meio empresarial sobre a relevância de se conhecer a própria história. De acordo com Mendes (citado por Bondarik; Carvalho; Pilatti, 2005, p. 4),

do lado dos responsáveis pelas empresas/organizações, tem vindo a aumentar a consciencialização de que o culto da memória e o estudo do património e da identidade – em suma, da respectiva história – constitui uma mais-valia, sob diversos pontos de vista, à qual deverá ser prestada a devida atenção.

Mas quais são as vantagens que essas entidades auferem ao promover a produção de uma história empresarial? Em primeiro lugar, a reconstituição da história de uma empresa é algo que se espera em ocasiões comemorativas, como aniversários e jubileus. Se ela celebra, digamos, cinquenta anos de existência, é importante que os principais acontecimentos desse período sejam lembrados. Em segundo lugar, o resgate da memória histórica de uma organização é pertinente como fator de motivação para os funcionários, que passam a compreender e valorizar mais a instituição à qual se encontram vinculados. Em terceiro lugar, a produção de uma história é uma forma de reconhecer as personalidades relevantes para a empresa, tais como antepassados, fundadores ou funcionários de destaque. Em quarto lugar, o conhecimento histórico amplia a visão funcional de uma organização, favorecendo o processo de tomada de decisões. Finalmente, e não menos importante, a história empresarial serve ao *marketing* da organização, promovendo o nome e as atividades da empresa junto a clientes e funcionários.

Diferentemente de uma historiografia "amadora" ou de um levantamento informal do histórico de atuação de uma empresa, um projeto de pesquisa orientado pelo método histórico permite situar a organização em um contexto mais amplo. O historiador profissional faz isso ao escrever sobre a história individual de uma empresa, ao desenvolver um estudo comparativo de diferentes empresas em relação às políticas públicas sociais e econômicas de determinado período, ou ao avaliar as contribuições do empresariado local, regional ou nacional para o desenvolvimento econômico.

Um dos maiores desafios que o historiador encontra ao pesquisar a história de uma empresa ou de um grupo de empresas refere-se à obtenção, à seleção e ao manuseio das fontes. Estas podem ser documentos oficiais, como os emitidos por órgãos governamentais e/ou por associações comerciais, além de anuários estatísticos, como os do Instituto Brasileiro de Geografia e Estatística (IBGE), entre outros. Também podem ser textos veiculados pela grande imprensa, e, nesse sentido, há publicações especializadas que vêm de longa data, como a revista *Exame* ou o jornal *Gazeta Mercantil*, mas mesmo as de notícias gerais podem conter informações valiosas. Muitas empresas têm, ainda, revistas ou boletins internos, que podem trazer informações sobre a abertura de filiais ou a compra de equipamentos, por exemplo, fornecendo ao historiador meios de traçar transformações importantes para sua pesquisa.

Além disso, o historiador pode contar com a documentação interna da empresa e com o registro oral dos funcionários. Mas em relação a esses dois tipos de fontes, é preciso tecer algumas considerações. A documentação e os depoimentos orais podem ter caráter sigiloso. Isso não significa que os arquivos da empresa tenham dados sobre ações ilícitas. Informações sigilosas são todas aquelas cuja divulgação pode, de algum modo, prejudicar a empresa. O desenvolvimento de uma nova tecnologia, de uma estratégia gerencial, de uma lista de fornecedores ou de uma cartela de clientes podem ser diferenciais da empresa em relação à concorrência, e é compreensível que tais informações sejam mantidas em segredo.

Se o historiador é contratado pela empresa, é esperado que ele tenha acesso a essa documentação sigilosa. Mas como incorporá-la ao resultado final de seu trabalho, com vistas à divulgação a um público mais amplo, não raro externo à própria empresa? Nesse sentido, o projeto de pesquisa deve incluir também um contrato de trabalho com cláusulas bastante específicas. Esse contrato deve garantir ao historiador as condições necessárias para que ele desenvolva sua pesquisa de modo adequado: a organização deve permitir a ele acesso à documentação, assim como conferir-lhe permissão para realizar entrevistas aos funcionários e visitar as instalações. O historiador, em contrapartida, deve ter a obrigação de submeter o resultado final a críticas e sugestões dos executivos da empresa, com o intuito de resguardar seus interesses. Isso não significa que o historiador deva adotar uma atitude servil em relação a quem lhe remunera. Pelo contrário, justamente por ser uma pesquisa conduzida de acordo com padrões acadêmicos, o posicionamento crítico de modo algum pode estar ausente. Como afirmam Bondarik, Carvalho e Pilatti (2005, p. 7), "a história não se faz apenas de bons momentos, mas também de tragédias e sofrimentos [...]. Desta maneira deve-se estudar não somente os sucessos da empresa mas também os insucessos".

Contudo, precisamos ter em mente que se trata de uma atividade que envolve princípios éticos muito claros, os quais são decorrentes tanto da relação profissional com a empresa contratante, em que o historiador deve respeitar as questões sigilosas e agir de acordo com o bem-estar dos demais trabalhadores envolvidos, quanto da relação com o próprio ofício, realizando um trabalho sério, documentado, sujeito a métodos e críticas de documentos, não bastando fornecer uma simples memorialização positiva do histórico da empresa. Em muitos casos, o profissional não terá controle sobre o que será publicizado e como será utilizada a pesquisa, mas é fundamental, de sua parte, fazer um trabalho que respeite o rigor historiográfico.

(6.4)
Captação de recursos

Uma dimensão importante dos projetos de história diz respeito à captação de recursos. Assim como a implementação de todo projeto demanda financiamento e mão de obra, com a pesquisa histórica e prestação de serviços em história não é diferente. Os recursos para seu projeto podem ser provenientes de doadores individuais, empresas, governo, financiamento coletivo (*crowdfunding*) ou da gestão dos próprios recursos. Um auxílio fundamental para projetos culturais, categoria na qual a maioria dos projetos de história se encaixa, é a Lei Federal de Incentivo Fiscal, também conhecida como *Lei Rouanet* – Lei n. 8.313, de 23 de dezembro de 1991 (Brasil, 1991b). Por meio dela, indivíduos e empresas podem direcionar um percentual de seu imposto de renda para patrocinar atividades culturais.

De acordo com Vergueiro (2016), a expressão *captação de recursos* refere-se ao "processo estruturado desenvolvido por uma organização para pedir as contribuições voluntárias de que ela precisa, sejam eles financeiros ou outros recursos, buscando as doações com indivíduos, empresas, governos, outras organizações e etc.". Os recursos podem ser financeiros, mas também ocorrer na forma de mão de obra ou de bens móveis e imóveis. De acordo com Ieda Ramos e Luciana Silveira (citadas por Giehl et al., 2015, p. 123), "a captação deve ser entendida como atividade-meio para a sustentação financeira das organizações, envolvendo questões jurídicas, éticas, de marketing, comunicação e gestão".

Se você atuar como historiador em uma instituição sem fins lucrativos, como é o caso de muitos museus ou associações, por exemplo, é bastante provável que a instituição em que você atue lide diretamente com a questão de captação de recursos. Mas esse é um tema relevante também para organizações não governamentais (ONGs), empresas privadas, grupos de pesquisa e, até mesmo, para iniciativas individuais. No capítulo anterior, abordamos a questão do financiamento público da pesquisa na área de história, que é também uma forma de captação de recursos. Neste capítulo, trabalharemos esse tema a partir de uma perspectiva mais ampla.

Para que você possa viabilizar um projeto de história, de pesquisa, de prestação de serviços ou de desenvolvimento de produto, é necessário contar com recursos para tanto. Se você estiver fazendo uma pesquisa sobre o plantio de algodão no Maranhão no século XVIII, por exemplo, você pode ter de se deslocar para visitar arquivos não só na região, mas também em outras partes do Brasil, como o Rio de Janeiro, onde se localiza o Arquivo Nacional, ou mesmo visitar arquivos na Europa. Tudo isso, obviamente, envolve gastos. Se você coordenar um projeto de recuperação de peças de arte do século XIX para uma exposição, terá de contratar mão de obra especializada. Se você estiver envolvido na produção de um documentário, precisará atuar na mobilização de pessoas, equipamentos e espaços. De onde o historiador obtém recursos para a manutenção dessas atividades?

Os recursos podem ser provenientes de indivíduos, que assumem o papel de doadores de recursos monetários para o custeio de materiais ou atividades operacionais, bem como de voluntários na prestação de serviços. Outra importante fonte de recursos são as fundações e os órgãos governamentais implicados direta ou indiretamente no financiamento de projetos, tema do capítulo anterior, a exemplo dos já citados CNPq, Capes, Finep, Fapesp, entre outros. Os recursos podem ser provenientes, ainda, de empresas, na forma de financiamento ou patrocínio, geralmente com alguma espécie de contrapartida. Os fundos de agências públicas de financiamento ou de organizações privadas, via de regra, também têm a vantagem de agregar credibilidade ao projeto. Por fim, é importante mencionar os casos de projetos capazes de gerar renda e garantir sua existência de forma autônoma.

Mais recentemente, surgiram novas formas de levantar capital para empreendimentos específicos, como o *crowdfunding* (ou financiamento coletivo), que congrega um grande número de pequenas doações, geralmente de pessoas físicas, e que opera principalmente em plataformas *on-line*. Na prática, o proponente cria aquilo que popularmente conhecemos como "vaquinha virtual", em um *site* especializado, e divulga sua proposta em redes sociais, de modo que um grande número de indivíduos possa fazer doações de pequenas quantias, via cartão de crédito ou boleto bancário. O maior problema nesse formato é que os gestores do *site* ficam com um percentual fixo da meta a ser atingida. Nesse sentido, se a arrecadação for muito abaixo da meta, o proponente acaba perdendo mais do que arrecadando ou, então, angariando um valor ínfimo, o que pode afetar negativamente a imagem de seu produto ou serviço.

O instrumento mais importante e eficiente de captação de recursos para a área cultural, na qual a maior parte das produções de história se encaixa, é a Lei Federal de Incentivo à Cultura (Lei n. 8.313/1991). Sancionada durante o governo do Presidente Fernando Collor de Mello, a lei tinha como seu principal proponente o então Secretário da Cultura, Paulo Sérgio Rouanet, e por isso ela ficou conhecida como *Lei Rouanet*. Por meio dela, tanto pessoas físicas quanto jurídicas patrocinam eventos de caráter cultural, como *shows*, espetáculos, publicações, exposições, gravações de áudio e vídeo, entre outros. Esse auxílio pode ser então abatido do imposto de renda. Os artistas e os produtores contemplados com o benefício, em contrapartida, assumem a obrigação de distribuir um percentual de ingressos de forma gratuita ou, então, de desenvolver algum tipo de ação social (Brasil, 1991b).

Imagine que um você queira angariar fundos para um evento ou produto cultural de história, como uma exposição de fotos antigas ou um curta-metragem contextualizando uma época do passado. Para obter apoio, você deve elaborar um projeto para a análise da Secretaria Especial da Cultura do Ministério da Cidadania, inscrevendo-o no Sistema de Apoio às Leis de Incentivo à Cultura (Salic). Sua proposta será então enviada à Comissão Nacional de Incentivo à Cultura (CNIC) para análise técnica e de mérito. Se aprovada, ela recebe a chancela da Lei de Incentivo à Cultura, e, a partir disso, você pode contatar possíveis apoiadores. Os valores que eles repassarem a você poderão ser abatidos no imposto de renda nos seguintes percentuais: 6% do IRPF para pessoas físicas e 4% de IRPJ para pessoas jurídicas.

Desde sua criação, a Lei Rouanet tem dado apoio a milhares de projetos. Apesar de ser parte de uma importante política pública de apoio à cultura, essa lei é também objeto de mistificação e incompreensão. Muitas vezes, diz-se equivocadamente que a lei se apropria de parte do orçamento da saúde ou da educação, quando, na verdade, trata-se de verbas orçamentárias completamente distintas. Também se diz que os recursos são mal empregados ou desviados para outras finalidades, o que é um equívoco, ao menos em parte. A Secretaria da Cultura demanda uma prestação de contas rigorosa, mas alguns desvios de grande monta eventualmente são apresentados na mídia, dando a impressão de que essa é a regra, mas, na realidade, é a exceção.

Assim, se os projetos de história nos quais você atuará envolverem atividades de captação de recursos, será crucial que você se mantenha bem informado quanto aos aspectos jurídicos da atividade, principalmente com relação à transparência de informações e ao rigor e à minúcia na prestação de contas. O mau uso ou a displicência podem ocasionar a perda de credibilidade não só de seu projeto, mas também da própria instituição da qual você faz parte.

6.4.1 Projeto para captação de recursos da Lei Rouanet

Definidas as possíveis fontes de recursos, é preciso escrever o projeto em si, tendo em mente que ele possa servir para a inscrição em um edital de fomento à cultura, como é o caso da Lei Rouanet. Embora não exista um modelo padronizado para editais dessa natureza – você deve verificar individualmente quais são os requisitos explicitados –, é possível identificar uma caracterização comum:

- Apresentação
- Objetivo
- Justificativa
- Público-alvo
- Equipe
- Etapas de trabalho
- Cronograma de atividades
- Orçamento
- Plano de divulgação/comercialização
- Plano de distribuição
- Plano de contrapartida

Alguns dos itens nos são familiares, já que, como dito anteriormente, projetos acadêmicos apresentam muitos pontos em comum com projetos culturais. Entretanto, devemos estar atentos a algumas questões específicas do projeto para edital.

A **apresentação** deve conter um resumo também de todo o projeto, especificando quem serão os beneficiados por ele, quais são os profissionais envolvidos, quando e onde ele ocorrerá, bem como qual será o custo previsto para sua realização.

Os **objetivos** devem ser instituídos de forma a contemplar: objetivos gerais, objetivos específicos e metas a serem cumpridas – ações necessárias e mensuráveis. Por exemplo: um projeto para a captação de recursos de uma mostra de documentários sobre a história da cidade de São Paulo pode ter como objetivo geral a difusão do conhecimento sobre a formação da arquitetura paulista, e como objetivo específico, alcançar um público de jovens estudantes de arquitetura e interessados. Uma meta seria estabelecida com a visitação comprovada por meio de distribuição de entradas gratuitas para mil pessoas, com total de visitantes pagantes em 2 mil pessoas.

A **justificativa** do projeto deve contemplar não só sua importância, mas também sua exequibilidade. Ela deve responder às seguintes perguntas: Por que devemos apoiar esse projeto? Nosso apoio será suficiente para que os realizadores consigam alcançar suas metas? A resposta da primeira pergunta vai depender do projeto que você pretende lançar, mas a resposta da segunda pergunta deve ser um "sim" e uma breve justificativa de como isso será feito.

O **público-alvo** deve ser especificado, e você, que está propondo o projeto, deve demonstrar que conhece bem esse público, respondendo a perguntas como: Qual é o perfil dos beneficiados? Por quem o público é formado? Quantos e de onde são? É preciso estudar para fornecer essas informações – e também para garantir o sucesso de seu projeto! Por exemplo, não se pode propor um projeto que contemple pessoas de baixa renda sem pensar na acessibilidade que essas pessoas terão ao evento. Uma exposição que planeje atingir moradores de baixa renda não pode, portanto, cobrar um ingresso que custe uma proporção alta do valor de rendimentos das pessoas. Pesquise sobre seu público-alvo e coloque todas as informações obtidas neste item.

A **equipe** não precisa estar completamente definida, mas a organização dela, sim: é preciso estabelecer quantos profissionais participarão da execução do projeto, quais serão as tarefas de cada um e quais prazos serão colocados para o cumprimento dessas atividades. Procure precisar quais serão os profissionais envolvidos: para um documentário histórico, por exemplo, não basta convidar um diretor, um operador de câmera e um historiador; você vai precisar de especialistas em iluminação, som e edição. Se você já conta com uma equipe bem definida, inclua os destaques profissionais de cada um ao descrever quem assumirá cada função.

No item sobre **etapas de trabalho**, você descreverá, em linhas gerais, as atividades a serem executadas em cada fase do projeto: pré-produção (ou preparação); produção/execução; divulgação e administração. Outras etapas de trabalho podem ser acrescentadas conforme a especificidade do projeto (um filme ou documentário, por exemplo, pode incluir uma etapa de pós-produção, onde é feita a edição do material, por exemplo).

O item seguinte é, justamente, o **cronograma** de atividades, em que serão detalhadas, na forma de um calendário, todas as tarefas previstas em cada etapa de trabalho definida anteriormente. O formato do cronograma é o de tabela, para facilitar a rápida visualização do leitor, e a unidade de medida de tempo deve ser uniforme para o projeto inteiro (dia, semana, quinzena, mês etc.).

O **orçamento** corresponde a uma parte importante do projeto para edital: é nele em que você detalhará todos os custos previstos para sua implementação. O orçamento deverá ter uma estrutura lógica, trabalhar com estimativas, bem como com valores reais e adequados. O detalhamento das despesas deve ser feito da seguinte forma: descrição, quantidade utilizada, ocorrência (o quanto esse item será usado ao longo do projeto), valor unitário e valor total.

O **plano de divulgação** prevê todas as ações que serão empregadas para a promoção do projeto: impressos, mídia eletrônica ou televisiva, mídia exterior (como *outdoors* ou painéis), material promocional (bonés, camisetas, chaveiros etc.). Esse momento é significativo para empresas patrocinadoras, para que elas possam avaliar o alcance potencial da marca sendo divulgada por meio do projeto. Lembre-se de que os custos relacionados aos profissionais e materiais devem estar adequadamente descritos no item do orçamento.

Os **planos de distribuição** e **comercialização** envolvem a descrição das informações relativas à quantidade e ao preço do produto a ser comercializado no projeto (ou seja, valor do ingresso de uma exposição, por exemplo), assim como à sua distribuição (onde estará disponível o produto anunciado). É importante lembrar que a Lei Rouanet determina que um mínimo de 10% do produto seja distribuído gratuitamente entre a população de baixa renda – não ultrapassando o teto do vale-cultura[1].

Por fim, o **plano de contrapartida** deve detalhar o retorno concreto previsto para patrocinadores, parceiros e beneficiados. Podem ser descritas contrapartidas de imagem (divulgação da marca do patrocinador, por exemplo, mediante ações específicas) ou negociais

---

1   *Benefício relacionado ao Programa de Cultura do Trabalhador, que visa garantir acesso e incentivo aos programas culturais brasileiros.*

José Antonio Vasconcelos e Maurício Cardoso

(oportunidades para que o patrocinador possa promover seus próprios produtos junto ao público-alvo do projeto); para parceiros e beneficiados, é possível pensar em contrapartidas ambientais (ações que beneficiarão o meio ambiente) ou, então, sociais (ações concretas que visam estimular a comunidade beneficiada pelo projeto, ampliando o acesso à cultura, por exemplo).

Outras medidas adicionais podem ser requeridas ao escrever o projeto, como planos de democratização de acesso, ações para acessibilidade de pessoas com deficiências, previsão de impacto ambiental e ações de contrapartida. É preciso ficar atento ao edital para o qual se pretende submeter o projeto.

É importante, ainda, verificar quais documentos deverão ser anexados à inscrição no edital. No caso da Lei de Incentivo à Cultura, é fundamental consultar o *site* do governo federal[2], que contém todos os editais e os requisitos necessários para a inscrição no sistema.

O portal da Lei Rouanet também é onde são submetidas as propostas, por meio do Salic. Outras informações poderão ser obtidas diretamente no *site*[3].

Síntese

Neste capítulo, destacamos que o mercado editorial está repleto de *best-sellers* de história cujos autores têm formação em outras áreas. Tal fato atesta, ao mesmo tempo, o potencial da história como mercadoria e a presença insuficiente de historiadores nessa área. Esses profissionais, em geral, tendem a ver seu trabalho como uma contribuição para a formação dos cidadãos, mas o valor da história ultrapassa essa

---

2 Disponível em: <http://leideincentivoacultura.cultura.gov.br/legislacao>. Acesso em: 2 dez. 2020.
3 Disponível em: <http://leideincentivoacultura.cultura.gov.br>. Acesso em: 2 dez. 2020.

função política. A área tem um valor econômico que os historiadores devem saber administrar como modo de ascender em sua carreira profissional. Para tanto, não basta ter conhecimentos relativos ao método histórico e à realização de projetos de história, também é necessário ter familiaridade com questões de administração pessoal e empresarial.

Além disso, discutimos alguns conceitos, como o de história pública, que tem recebido cada vez mais atenção dos historiadores profissionais e que está diretamente relacionado ao potencial mercadológico da história. Essa expressão designa o conjunto de atividades por meio das quais o historiador atende a um público não acadêmico, como em ações do governo, empresas particulares, ações sociais etc. Nesse sentido, a história pública responde a um ímpeto do historiador de alcançar um público mais amplo e não especializado, e se manifesta na forma de ativismo político, atividades de consultoria e curadoria, preservação do patrimônio, literatura, fotografia, livros, programas de televisão, rádio e *podcasts*, entre outros.

Um campo significativo da história pública corresponde à história empresarial. Trata-se de atender a uma necessidade de muitas empresas de produção do conhecimento acerca de suas origens e de seu desenvolvimento, seja para firmar sua identidade social, seja para aprimorar a gestão, seja por uma questão de *marketing*, criando vínculos mais fortes com clientes e funcionários. Ao atuar na recuperação da memória histórica de uma empresa, o historiador se depara com o problema das fontes, que podem ser variadas. Chamam a atenção, em especial, as fontes oficiais da própria empresa e os depoimentos orais das pessoas que nela atuam ou que com ela se relacionam. Muitas das informações que podem ser pertinentes à pesquisa histórica são também sigilosas por questões estratégicas da própria empresa. Para resolver possíveis conflitos de interesse entre o historiador e as empresas que ele estuda, é importante sempre iniciar o trabalho a partir de um contrato firmado por ambas as partes. Uma dimensão relevante dos projetos de história diz respeito à captação de recursos. Como a implementação de todo projeto demanda capital e mão de obra, com a pesquisa histórica e prestação de serviços em história não é diferente. Os recursos para o projeto podem vir de doadores individuais, empresas, governo, financiamento coletivo (*crowdfunding*) ou da gestão dos próprios recursos. Um importante auxílio para projetos culturais, categoria na qual a maioria dos projetos de história se encaixa, é a Lei Federal de Incentivo Fiscal, também conhecida como *Lei Rouanet*. Por meio dela, indivíduos e empresas podem direcionar um percentual de seu imposto de renda a atividades culturais.

Indicações culturais

CAPOTE. Direção: Bennett Miller. EUA/Canadá: Sony Pictures Classics; Metro-Goldwyn-Mayer, 2005. 114 min.

Filme biográfico que conta como o escritor estadunidense Truman Capote escreveu um *best-seller* de não ficção a partir de uma investigação criminal. O personagem, analogamente ao que faz o historiador, junta pistas para desvendar uma realidade passada.

TVPUC. **Histórias empresariais** Disponível em: <https://www.youtube.com/playlist?list=PL99vyy3WwlvpbzkaqpEPbgxk04J MHSqPx>. Acesso em: 2 dez. 2020.

Cada episódio dessa *playlist* apresenta um *case* real de empresas em seus mercados, com seus produtos e suas marcas.

MENDES, M. **Quebra de contrato**: o pesadelo dos brasileiros. Belo Horizonte: Del Rey, 2004.

Esse livro é um exemplo de história empresarial. Nele, o autor apresenta a trajetória da Mendes Júnior, uma empreiteira brasileira de grande porte, apontando as realizações e, também, os problemas pelos quais ela passou.

CALDEIRA, J. **Mauá, empresário do Império**. São Paulo: Companhia das Letras, 1995.

Biografia de Irineu Evangelista de Souza, um influente homem de negócios brasileiro que viveu no século XIX, conhecido como Barão de Mauá. O título da obra joga com a ambiguidade da palavra *império*, uma vez que ela se refere tanto ao período imperial na história do Brasil quanto ao império industrial, comercial e financeiro que se constituiu em torno do empresário. Trata-se de mais um exemplo de uma obra de história, que alcança um grande público, mas que foi escrita por um jornalista, e não por um historiador.

Atividades de autoavaliação

1. Assinale a alternativa correta:
   a) O sucesso editorial de livros de história voltados ao grande público, como os de Laurentino Gomes ou Mary Del Priory, é evidência de que há um público consumidor de conhecimento histórico.
   b) Entre as obras de história de maior visibilidade no mercado, podemos identificar a total ausência de autores com formação em História.

c) A associação histórica entre a produção historiográfica e os interesses do Estado não foi forte o suficiente para que pesquisas históricas pudessem contar com financiamento público.

d) O conhecimento histórico produzido por historiadores profissionais não tem valor de mercado, uma vez que a internet está saturada de textos de história de alta qualidade e altamente confiáveis em *blogs* e redes sociais.

e) O historiador interessado em escrever livros para o grande público deve matricular-se em um curso de Jornalismo para dominar técnicas corretas de investigação e divulgação de suas pesquisas.

2. Assinale a alternativa correta:

a) A expressão *história pública* refere-se à história da atuação de personagens políticos influentes na esfera pública, opondo-se, portanto, ao estudo de organizações privadas.

b) A expressão *história pública* é mais usada que a expressão *história popular,* uma vez que a segunda é ambígua e pode significar uma história de menor qualidade e ideologicamente orientada para as massas.

c) A participação de historiadores na divulgação de conhecimento histórico para um público não acadêmico é uma iniciativa que pode contribuir para a expansão do negacionismo histórico.

d) A noção de história pública é incompatível com o ativismo político ou com a participação do historiador em atividades de consultoria ou curadoria.

e) A história pública é uma subdivisão da história social e representa uma área de estudos das atividades realizadas pela administração pública.

3. Avalie as assertivas a seguir e indique V para as verdadeiras e F para as falsas.

( ) Diferentemente de outras esferas da atividade humana, nas empresas em geral não existe qualquer preocupação com o resgate da história.

( ) A história empresarial surgiu no Brasil em meados do século XIX, e nas últimas décadas tem despertado interesse na América do Norte e na Europa.

( ) O resgate da memória histórica de uma empresa costuma ser valorizado em efemérides, como aniversários e jubileus.

( ) A obtenção e o uso de dados sigilosos das empresas são algumas das questões mais delicadas que envolvem a história empresarial.A história empresarial representa um ramo arriscado e complexo da profissão, pois ela obriga o domínio de estudos de economia financeira, administração e contabilidade.

Agora, assinale a alternativa que apresenta a sequência obtida:

a) V, V, V, F, V.
b) F, F, F, F, V.
c) V, V, F, F, F.
d) F, V, V, F, V.
e) F, F, V, V, F.

4. Avalie as assertivas a seguir e indique V para as verdadeiras e F para as falsas.

( ) A captação de recursos é uma atividade que, no Brasil, conta com o apoio da Associação Brasileira de Captadores de Recursos (ABCR).

( ) A captação de recursos é uma forma válida para levantar o capital necessário ao desenvolvimento de projetos de história, mas só é aplicável a organizações não governamentais (ONGs).

( ) O financiamento coletivo, ou *crowdfunding*, é uma forma relativamente nova de captação de recursos, mas vem adquirindo maior importância com o crescente acesso à internet e às plataformas digitais.

( ) A Lei Rouanet foi criada durante o governo do Presidente Fernando Collor de Mello, com o objetivo específico de promover a captação de recursos para projetos de história.

( ) Por meio da Lei de Incentivo à Cultura, pessoas físicas e jurídicas patrocinam eventos de caráter cultural, como espetáculos, publicações, exposições, entre outros.

Agora, assinale a alternativa que apresenta a sequência obtida:

a) V, F, F, V, F.
b) F, F, V, V, V.
c) V, F, V, F, V.
d) V, F, F, F, V.
e) V, V, F, F, F.

5. Leia o texto a seguir e, na sequência, assinale a resposta correta:

Uma vez definido que a investigação do objeto empresa pode ser enriquecida por um amplo conjunto de questões surgidas no debate econômico atual, resta examinar o importante problema das fontes disponíveis para a investigação histórica.

Ainda que o estudo da história econômica brasileira tivesse avançado indubitavelmente nas últimas décadas, em função do empenho de pesquisadores em incorporar aos seus trabalhos questões teóricas complexas originadas nos campos da economia política e da antropologia, ampliando o escopo de objetivos da investigação histórica, o acesso e a conservação de fontes históricas tem avançado muito pouco.

Sorte dos que se dedicam a estudar a história de empresas, pela própria natureza do objeto, pode-se contar com um universo mais plástico de fontes de pesquisa. Às fontes documentais, como estatutos, demonstrações financeiras e atos das sociedades (assembleias de acionistas), se associam com maior força as chamadas novas fontes históricas, em particular, a história oral. Aos que tem a oportunidade de investigar empresas "vivas", isto é, ainda em operação, o uso da história oral ganha uma dimensão particularmente importante abrindo acesso não apenas à reconstrução das "lacunas" não preenchidas pela documentação tradicional, mas oferecendo um canal para a reconstrução da identidade social da empresa chamada por alguns de "cultura organizacional".

Seria também, ingenuidade de nossa parte, imaginar que em um ambiente informatizado como o que vivemos a história do presente será escrita da mesma forma que estivemos habituados a fazer até aqui. Boa parte dos documentos produzidos hoje pelas organizações não vão chegar às mãos dos pesquisadores do futuro. Daí a importância do uso combinado de fontes diversas na elaboração de história de empresas. (Marques, citada por Bondarik; Carvalho; Pilatti, 2005, p. 6)

a) As fontes podem ser documentos oficiais, textos veiculados pela imprensa, revistas e boletins da própria empresa, registros orais dos funcionários e documentação interna.

b) A análise da documentação interna, mesmo que sigilosa, não deve levar em conta as preocupações da empresa com certos temas. Por isso, deve ser publicada como qualquer outra informação.

c) O historiador contratado pela empresa deve ter uma atitude de absoluto respeito e admiração pela organização, realizando um trabalho de divulgação do sucesso empresarial de quem lhe contratou.

d) Diante de documentos sigilosos, o melhor que o historiador tem a fazer é interromper o trabalho e solicitar o fim da prestação de serviços, para evitar problemas jurídicos posteriores.

e) O historiador deve ter uma atitude profundamente crítica e, caso a empresa não aceite sua versão da história, ele deve procurar a imprensa e apresentar os resultados de sua pesquisa, à revelia da empresa que o contratou.

Atividades de aprendizagem

Questões para reflexão

1. Leia o texto a seguir e, na sequência, responda às questões:

O passado, ou ao menos suas formas populares, está a nos rodear. E passado significa negócio. Produtores de rádio vasculham seus contatos em busca de historiadores capazes de resumir a pesquisa atual em umas poucas sentenças. Até as associações acadêmicas de elite debatem "Os historiadores e seus públicos". O pioneiro Ruskin College, em Oxford, oferece um Mestrado em História Pública, enquanto outras instituições dão cursos em história aplicada (applied history) ou estudos de patrimônio (heritage studies) com um componente de história pública.

Então: agora somos todos historiadores públicos? Será que todos os que se debruçam sobre o passado com a participação do público (sejam eles visitantes de museus, telespectadores ou grupos de estudantes) é um "historiador público"? A "história pública" é um guarda-chuva tão acolhedor a ponto de oferecer abrigo a todas as formas de história "popular" – seja ela a história oral ou a "história dos povos", a "história aplicada" ou os "estudos do patrimônio"? A resposta, provavelmente, é um generoso "sim": deixai que mil flores desabrochem. Sem dúvida, em conferências recentes, ouve-se uma ampla gama de profissionais – historiadores orais, educadores de adultos, arquivistas experientes – alegarem, com um tanto de mistificação, que "até ouvir a frase 'historiador público', eu não tinha percebido que fiz isso a minha vida toda. Agora eu tenho um rótulo".

Entretanto, "história pública" é um conceito escorregadio. E o desafio de uma abordagem ecumênica é, creio eu, que a expressão seja usada em tantos sentidos – tanto na Grã-Bretanha quanto internacionalmente, por profissionais e acadêmicos – a ponto de se tornar desconcertante. E se "história pública" é meramente um novo nome para aquilo que nós já estávamos fazendo, será que não estamos perdendo a chance de pensar sobre o que queremos dizer por "público" e, com isso, perdendo a oportunidade de aperfeiçoar nossa própria prática? (Liddington, 2011, p. 32)

a) Como a autora caracteriza a reação dos historiadores acadêmicos e profissionais diante da ascensão da história pública? De maneira positiva ou negativa? Por quê?

b) No trecho citado, a autora conclui o último parágrafo com uma pergunta. Como você a responderia?

Atividade aplicada: prática

1. Assista a um dos episódios da *playlist* "Histórias empresariais", presente nas "Indicações culturais" deste capítulo. Em seguida, elabore um texto crítico sobre a abordagem, tendo em vista que foi produzido por administradores. Explore quais seriam as possibilidades do tema se o episódio tivesse sido produzido por um historiador.

Considerações finais

Ernst Cassirer, um filósofo alemão da primeira metade do século XX, certa vez escreveu que "o conhecimento histórico é a resposta a perguntas definidas, que tem de ser dadas pelo passado; mas as próprias perguntas são colocadas e ditadas pelo presente – por nossos interesses intelectuais presentes e por nossas necessidades morais e sociais presentes" (Cassirer, 1977, p. 282). Essa conexão entre o presente e o passado é imprescindível para que possamos dar sentido ao conhecimento histórico. A história ilumina o presente, mas é o presente que torna a história significativa.

Estudamos história porque o conhecimento do passado é importante para compreendermos quem somos no presente. Desse modo, embora a história lide com o passado, ela procura responder a questões formuladas no presente, a partir dos valores e interesses ditados pelo presente do historiador. Isso porque, longe de se reduzir a uma coleção de antiguidades, a história procura no passado uma compreensão das sociedades no tempo, de modo a tornar significativa nossa existência atual.

Embora interesse a todos, a história encontra no historiador profissional seu interlocutor preferencial, pois, em sua prática de pesquisa, o historiador deve adequar seus procedimentos a uma série de normas que possibilitam que seus resultados sejam apresentados de forma objetiva. Isso não significa dizer que o historiador se abstém de fazer juízos de valor ou de se posicionar ideologicamente em face de seus objetos de pesquisa. Não! Essa suposta neutralidade epistemológica, mesmo que fosse possível, seria indesejável. Mas devemos ter em mente que a historiográfica profissional dirige-se a um público exigente, de modo que o historiador tem de ser permanentemente crítico de si mesmo.

Considerando o exposto, nesta obra, procuramos ultrapassar uma noção antiquada e estereotipada do historiador como alguém mergulhado em manuscritos embolorados, alheio às preocupações do presente. Produzimos conhecimento histórico porque a história é uma dimensão essencial da vida humana, e sem ela seria difícil até mesmo nos reconhecermos como seres humanos. Nesse sentido, fazer história a partir de uma metodologia de elaboração de projetos é um meio pelo qual o historiador pode interagir com a sociedade de forma dinâmica e obter sucesso em sua carreira profissional.

Lista de siglas

Aber – Associação Brasileira de Encadernação e Restauro

ABHO – Associação Brasileira de História Oral

ABHR – Associação Brasileira de História das Religiões

ABNT – Associação Brasileira de Normas Técnicas

ABPHE – Associação Brasileira de Pesquisadores em História Econômica

Abrem – Associação Brasileira de Estudos Medievais

ADLAF – Associação Alemã de Pesquisa sobre a América Latina

AHA – American Historical Association

Ancine – Agência Nacional de Cinema

ANPHLAC – Associação Nacional de Pesquisadores e Professores de História das Américas

ANPUH – Associação Nacional de História

BNCC – Base Nacional Curricular Comum

Brasa – Brazilian Studies Association

Capes – Coordenação de Aperfeiçoamento de Pessoal de Nível Superior

CNE – Conselho Nacional de Educação

CNIC – Comissão Nacional de Incentivo à Cultura

CNPq – Conselho Nacional de Desenvolvimento Científico e Tecnológico

Cofem – Conselho Federal de Museologia

Conarq – Conselho Nacional de Arquivos

Confap – Conselho Nacional das Fundações Estaduais de Amparo à Pesquisa

CPDOC – Centro de Pesquisa e Documentação de História Contemporânea do Brasil

FA – Fundação Araucária de Apoio ao Desenvolvimento Científico e Tecnológico do Estado do Paraná

Facepe – Fundação de Amparo à Ciência e Tecnologia do Estado de Pernambuco

Fapac – Fundação de Amparo à Pesquisa do Acre

FAPDF – Fundação de Apoio à Pesquisa do Distrito Federal

Fapeal – Fundação de Amparo à Pesquisa do Estado de Alagoas

Fapeam – Fundação de Amparo à Pesquisa do Estado do Amazonas

Fapeap – Fundação de Amparo à Pesquisa do Estado do Amapá

Fapeg – Fundação de Amparo à Pesquisa do Estado de Goiás

Fapema – Fundação de Amparo à Pesquisa e ao Desenvolvimento Científico e Tecnológico do Maranhão

Fapemat – Fundação de Amparo à Pesquisa do Estado de Mato Grosso

Fapemig – Fundação de Amparo à Pesquisa do Estado de Minas Gerais

Fapepi – Fundação de Amparo à Pesquisa do Estado do Piauí

Fapergs – Fundação de Amparo à Pesquisa do Estado do Rio Grande do Sul

Faperj – Fundação Carlos Chagas Filho de Amparo à Pesquisa do Estado do Rio de Janeiro

Fapern – Fundação de Apoio à Pesquisa do Estado do Rio Grande do Norte

Fapero – Fundação de Amparo ao Desenvolvimento das Ações Científicas e Tecnológicas e à Pesquisa do Estado de Rondônia

Fapes – Fundação de Amparo à Pesquisa e Inovação do Espírito Santo

Fapesb – Fundação de Amparo à Pesquisa do Estado da Bahia

Fapesc – Fundação de Amparo à Pesquisa e Inovação do Estado de Santa Catarina

Fapesp – Fundação de Amparo à Pesquisa do Estado de São Paulo

Fapespa – Fundação Amazônia de Amparo a Estudos e Pesquisas do Pará

Fapesq – Fundação de Apoio à Pesquisa do Estado da Paraíba

Fapitec – Fundação de Apoio à Pesquisa e à Inovação Tecnológica do Estado de Sergipe

Fapt – Fundação de Amparo à Pesquisa do Estado do Tocantins

FGV – Fundação Getúlio Vargas

Finep – Financiadora de Estudos e Projetos

FNDCT – Fundo Nacional de Desenvolvimento Científico e Tecnológico

Funcap – Fundação Cearense de Apoio ao Desenvolvimento Científico e Tecnológico

Fundect – Fundação de Apoio ao Desenvolvimento do Ensino, Ciência e Tecnologia do Estado de Mato Grosso do Sul

IBGE – Instituto Brasileiro de Geografia e Estatística

Ibram – Instituto Brasileiro de Museus

Icom – International Council of Museums

IES – Instituições de Ensino Superior

IHGB – Instituto Histórico e Geográfico Brasileiro

IHGI – Instituto Histórico e Geográfico Itaborahyense

IHGPR – Instituto Histórico e Geográfico do Paraná

IHP – Instituto Histórico de Petrópolis

Ipardes – Instituto Paranaense de Desenvolvimento Econômico e Social

IPHAN – Instituto do Patrimônio Histórico e Artístico Nacional

Lasa – Latin American Studies Association

LDB – Lei de Diretrizes e Bases da Educação Brasileira

MCTIC – Ministério da Ciência, Tecnologia, Inovações e Comunicações

MEC – Ministério da Educação

NCPH – National Council on Public History

ONGs – Organizações não governamentais

PMI – Project Management Institution

PNEM – Política Nacional de Educação Museal

PNLD – Programa Nacional de Livro Didático

Salic – Sistema de Apoio às Leis de Incentivo à Cultura

SBEC – Sociedade Brasileira de Estudos Clássicos

Udesc – Universidade Estadual de Santa Catarina

UERJ – Universidade Estadual do Rio de Janeiro

UFBA – Universidade Federal da Bahia

UnB – Universidade de Brasília

Unesco – Organização das Nações Unidas para Educação, Ciência e Cultura

Unicamp – Universidade Estadual de Campinas

USP – Universidade de São Paulo

UTFPR – Universidade Tecnológica Federal do Paraná

Glossário

Análise: ato de discernir os elementos constituintes de um todo. Na pesquisa histórica, corresponde à fase de coleta e crítica das fontes.

Best-seller: livro que vende em grandes quantidades.

Cátedra: cargo de professor catedrático do ensino superior, obtido por concurso.

Chamadas de artigos: anúncios por meio dos quais as revistas acadêmicas divulgam a prioridade de determinados temas para os próximos números.

Chancela: carimbo que reproduz a assinatura ou rubrica de uma autoridade; sinete. Metaforicamente, significa a autorização para realizar algo.

Comunidades quilombolas: na legislação do Brasil colonial, dava-se o nome de quilombos aos agrupamentos de escravos fugitivos com mais de cinco indivíduos. Após a abolição, esse termo passou a designar também as comunidades de ex-escravos que receberam terras de seus ex-senhores ou que formaram assentamentos em terras desocupadas. Hoje, essas comunidades reivindicam a propriedade da terra onde vivem há gerações.

Crível: algo em que se pode acreditar por ter a aparência de verdadeiro.

Cultura material: conjunto de objetos, como edificações, obras de arte, artefatos de uso cotidiano etc., que foram se constituindo ao longo do tempo e, por isso, têm valor histórico.

Cultura visual: campo de estudos que procura entender o modo como os aspectos visuais se relacionam com a história e a cultura, produzindo processos de identificação social.

Curadoria: organização e administração de um conjunto de bens. No caso de um museu ou evento, é a responsabilidade atribuída à pessoa que o gerencia.

Edital: aviso de caráter oficial que se afixa em local próprio e visível ao público ou se anuncia na imprensa, para conhecimento dos interessados.

Editoração: processo por meio do qual se parte de um manuscrito e se chega a uma publicação como resultado final.

Empírico: de caráter prático, que remete à experiência, em oposição a teórico.

Escopo: objetivo.

Especulativo: que tem a ver com especulação, formulação de hipóteses.

Fomento: apoio financeiro.

Fruição: ato de aproveitar; divertimento.

Fundos setoriais: fundos da Finep vinculados ao FNDCT, dos quais 14 são destinados a setores específicos: saúde, biotecnologia, agronegócio, petróleo, energia, mineral, aeronáutico, espacial, transporte, mineral, hidro, informática, automotivo e outro com foco na Amazônia Legal.

Genealogia: ciência que estuda a origem e a evolução das famílias, elaborando mapas de ramificações.

Homônimo: que tem o mesmo nome.

Jubileu: aniversário solene, geralmente de números grandes e redondos, como o aniversário de 50 anos de fundação de uma empresa.

Legado: o mesmo que herança.

Narrativa romântica: narrativa que remete ao romantismo, movimento literário do século XIX que enfatizava a emoção e a nostalgia com relação ao passado.

Parecerista: profissional responsável pela formulação de pareceres, opiniões especializadas sobre alguma coisa.

Plano-diretor: plano geral de ordenação.

Protótipos: primeira versão de um produto ou serviço.

Síntese: ato de juntar elementos dispersos em um todo coerente e dotado de sentido. Na pesquisa histórica, corresponde à fase de formulação dos resultados.

Tombamento: processo por meio do qual um bem material ou imaterial tem o devido reconhecimento de seu valor histórico e cultural e passa a receber apoio do Estado para sua preservação e/ou restauração.

Veracidade: atributo daquilo que é verdadeiro.

Vestígios: elementos que permanecem visíveis após o desaparecimento de algo.

Referências

ABBAGNANNO, N. **Dicionário de filosofia**. 5. ed. São Paulo: Martins Fontes, 2007.

ANCINE – Agência Nacional do Cinema. Emprego no setor audiovisual. **Estudo anual 2018**. Brasília, Rio de Janeiro, 2018. Disponível em: <https://oca.ancine.gov.br/emprego-no-setor-audiovisual-2018>. Acesso em: 2 dez. 2020.

ANCINE – Agência Nacional do Cinema. **Mercado audiovisual brasileiro**. Disponível em: <https://oca.ancine.gov.br/mercado-audiovisual-brasileiro>. Acesso em: 2 dez. 2020.

ANPUH – Associação Nacional de História. **Estatuto da Associação**. Disponível em: <https://www.anpuh.org/estatuto#:~:text=ARTIGO%205%C2%BA%20%2D%20A%20ANPUH%20tem,relacionadas%20ao%20of%C3%ADcio%20do%20historiador>. Acesso em: 2 dez. 2020.

AZEVEDO, C. M. M. de. O projeto de pesquisa: o conteúdo e seus itens. **Outros Olhares**, Campinas, n. 1, p. 108-110, 1996.

BECHARA, E. C. (Org.). **Dicionário escolar da Academia Brasileira de Letras**. São Paulo: Companhia Editora Nacional, 2011.

BENATTE, A. P. História, ciência, escritura e política. In: RAGO, M.; GIMENES, R. A. de O. (Org.). **Narrar o passado, repensar a história**. Campinas: Unicamp/IFCH, 2014. p. 61-102. (Coleção Ideias, v. 2).

BESSELAAR, J. V. D. **Introdução aos estudos históricos**. 4. ed. São Paulo: EPU/Edusp, 1974.

BLANCO, P. S.; SIQUEIRA, M. N. de; VIEIRA, T. de O. (Org.). **Ampliando a discussão em torno de documentos audiovisuais, iconográficos, sonoros e musicais**. Salvador: Edufba, 2016.

BONDARIK, R.; CARVALHO, H. P. de; PILATTI, L. A. História empresarial: uma ferramenta para a gestão do conhecimento nas organizações empresariais. In: SIMPÓSIO INTERNACIONAL PROCESSO CIVILIZADOR, 9., 2005, Ponta Grossa. **Anais...** Ponta Grossa: UEL, 2005. Disponível em: <http://www.uel.br/grupo-estudo/processoscivilizadores/portugues/sitesanais/anais9/artigos/workshop/art17.pdf>. Acesso em: 2 dez. 2020.

BOURDIEU, P.; CHARTIER, R.; DARNTON, R. Dialogue à propos de l'histoire culturelle. **Actes de la Recherche en Sciences Sociales**, n. 59, p. 86-93, sep. 1985. Disponível em: <https://www.persee.fr/doc/arss_0335-5322_1985_num_59_1_2276>. Acesso em: 2 dez. 2020.

BRASIL. Conselho Nacional de Desenvolvimento Científico e Tecnológico. Portaria n. 816, de 17 de dezembro de 2002. Disponível em: <http://centrodememoria.cnpq.br/port816.html>. Acesso em: 2 dez. 2020.

BRASIL. Constituição (1988). **Diário Oficial da União**, Brasília, DF, 5 out. 1988. Disponível em: <http://www.planalto.gov.br/ccivil_03/constituicao/constituicao.htm>. Acesso em: 2 dez. 2020.

BRASIL. Decreto-Lei n. 25, de 30 de novembro de 1937. **Diário Oficial da União**, Poder Executivo, Brasília, DF, 6 dez. 1937. Disponível em: <http://www.planalto.gov.br/ccivil_03/decreto-lei/del0025.htm>. Acesso em: 2 dez. 2020.

BRASIL. Decreto-Lei n. 2.848, de 7 de dezembro de 1940. **Diário Oficial da União**, Poder Executivo, Brasília, DF, 31 dez. 1940. Disponível em: <http://www.planalto.gov.br/ccivil_03/decreto-lei/del2848compilado.htm>. Acesso em: 2 dez. 2020.

BRASIL. Lei n. 8.159, de 8 de janeiro de 1991. **Diário Oficial da União**, Poder Legislativo, Brasília, DF, 9 jan. 1991a. Disponível em: <http://www.planalto.gov.br/ccivil_03/leis/l8159.htm>. Acesso em: 2 dez. 2020.

BRASIL. Lei n. 8.313, de 23 de dezembro de 1991. **Diário Oficial da União**, Poder Legislativo, Brasília, DF, 24 dez. 1991b. Disponível em: <http://www.planalto.gov.br/ccivil_03/leis/l8313cons.htm>. Acesso em: 2 dez. 2020.

BRASIL. Lei n. 9.394, de 20 de dezembro de 1996. **Diário Oficial da União**, Poder Legislativo, Brasília, DF, 23 dez. 1996. Disponível em: <http://www.planalto.gov.br/ccivil_03/leis/l9394.htm>. Acesso em: 2 dez. 2020.

BRASIL. Lei n. 14.038, de 17 de agosto de 2020. **Diário Oficial da União**, Poder Legislativo, Brasília, DF, 18 ago. 2020a. Disponível em: <http://www.planalto.gov.br/ccivil_03/_ato2019-2022/2020/lei/l14038.htm>. Acesso em: 2 dez. 2020.

BRASIL. Ministério da Educação. **Lato-Sensu – Saiba Mais.** Disponível em: <http://portal.mec.gov.br/pos-graduacao/pos-lato-sensu>. Acesso em: 2 dez. 2020b.

BRASIL. Ministério das Relações Exteriores. **Independência ou morte (Grito do Ipiranga) – Estudo.** Disponível em: <http://www.itamaraty.gov.br/pt-BR/diplomacia-cultural-mre/20793-independencia-ou-morte-grito-do-ipiranga-estudo>. Acesso em: 2 dez. 2020c.

CAIRES, L. Nos países desenvolvidos, o dinheiro que financia a ciência na universidade é público. **Jornal da USP,** 24 maio 2019. Disponível na internet: <https://jornal.usp.br/ciencias/nos-paises-desenvolvidos-o-dinheiro-que-financia-a-ciencia-e-publico/>. Acesso em: 2 dez. 2020.

CAMARGO, A. M.; GOULART, S. **Centros de memória:** uma proposta de definição. São Paulo: Edições SESC, 2015.

CARDOSO, C. F.; VAINFAS, R. (Org.). **Domínios da história:** ensaios de teoria e metodologia. Rio de Janeiro: Campus, 1997.

CARDOSO, C. F.; BRIGNOLI, H. P. **Os métodos da História.** 3. ed. Rio de Janeiro: Graal, 1983.

CARRIJO, M. V. da S. **Cientistas sociais e historiadores no mercado editorial do Brasil:** a Coleção Estudos Brasileiros da editora Paz e Terra (1974-1987). 286 f. Tese (Doutorado em História) – Faculdade de Filosofia, Letras e Ciências Humanas, Universidade de São Paulo, São Paulo, 2013.

CASSIRER, E. **Antropologia filosófica.** São Paulo: Meste Jou, 1977.

CAUVIN, T. A ascensão da história pública: uma perspectiva internacional. **Revista NUPEM,** Campo Mourão, v. 11, n. 23, p. 8-28, maio/ago. 2019.

CONSALTER, M. A. S. **Elaboração de projetos:** da introdução à conclusão. Curitiba: InterSaberes, 2012.

DAVIS, N. Z. **O retorno de Martin Guerre**. Rio de Janeiro: Paz e Terra, 1987.

DEWEY, J. **Escritos coligidos**. São Paulo: Abril Cultural, 1974. v. 36. (Os Pensadores).

FAILLA, Z. (Org.). **Retratos da leitura no Brasil**. 4. ed. Rio de Janeiro: Sextante, 2016.

FIORUCI, W. As duas versões de O nome da rosa: cinema, literatura e pós-modernidade. **Revista de Literatura, História e Memória**, Cascavel, v. 6, n. 7, p. 151-160, 2010. Disponível em: <http://e-revista.unioeste.br/index.php/rlhm/article/view/4415/3399>. Acesso em: 2 dez. 2020.

FURET, F. **A oficina da história**. Tradução de Felipe Jarro. Lisboa: Gradiva, [S.d.].

GEERTZ, C. **A interpretação das culturas**. Rio de Janeiro: Guanabara, 1989.

GIEHL, P. R. et al. **Elaboração de projetos sociais**. Curitiba: InterSaberes, 2015.

GUIMARÃES, M. L. L. S. Nação e civilização nos trópicos: o Instituto Histórico e Geográfico Brasileiro e o projeto de uma história nacional. **Estudos Históricos**, v. 1, n. 1, p. 5-27, 1988. Disponível em: <http://bibliotecadigital.fgv.br/ojs/index.php/reh/article/view/1935/1074>. Acesso em: 2 dez. 2020.

HENRY, L. **Técnicas de análise em demografia histórica**. Lisboa: Gradiva, 1988.

HOBSBAWM, E. **Sobre história**. São Paulo: Companhia das Letras, 2013.

IBRAM – Instituto Brasileiro de Museus. **Educação museal**: experiências e narrativas. Brasília, 2012. 3 v.

IBRAM – Instituto Brasileiro de Museus. **Museus em números.** Brasília, 2011. v. 1. Disponível em: <https://www.museus.gov.br/wp-content/uploads/2011/11/museus_em_numeros_volume1.pdf>. Acesso em: 2 dez. 2020.

IBRAM – Instituto Brasileiro de Museus. **Subsídios para a elaboração de planos museológicos.** 2016. Disponível em: <https://www.museus.gov.br/wp-content/uploads/2017/06/Subs%C3%ADdios-para-a-elabora%C3%A7%C3%A3o-de-planos-museol%C3%B3gicos.pdf>. Acesso em: 2 dez. 2020.

IBRAM – Instituto Brasileiro de Museus; OEI – Organização dos Estados Ibero-americanos para a Educação, a Ciência e a Cultura. **Pontos de memória:** metodologia e práticas em museologia social. Brasília: Phábrica, 2016. Disponível em: <https://www.museus.gov.br/wp-content/uploads/2019/06/Pontos-de-Memoria-Portugues-1.pdf>. Acesso em: 2 dez. 2020.

ICOM – International Council of Museums. **ICOM Statutes.** Vienna, 2007. Disponível em: <https://icom.museum/wp-ontent/uploads/2018/07/2017_ICOM_Statutes_EN.pdf>. Acesso em: 2 dez. 2020.

JACOBY, R. A New Intellectual History? **American Historical Review**, v. 97, n. 2, p. 405-424, 1992.

LAMOUNIER, M. L. **Formas da transição da escravidão ao trabalho livre:** a lei de locação de serviços de 1879. 177 f. Dissertação (Mestrado em História) – Instituto de Filosofia e Ciências Humanas, Universidade Estadual de Campinas, Campinas, 1986.

LE GOFF, J. **História e memória.** Campinas: Ed. da Unicamp, 1990.

LIDDINGTON, J. O que é a história pública? In: ALMEIDA, J. R. de; ROVAI, M. G. de O. (Org.). **Introdução à história pública.** São Paulo : Letra e Voz, 2011. p. 31-52.

LÜCK, H. **Metodologia de projetos**: uma ferramenta de planejamento e gestão. Petrópolis: Vozes, 2012.

MENESES, U. T. B. de. **Às margens do Ipiranga**: 1890-1990. São Paulo: Museu Paulista da USP, 1990. Disponível em: <http://mp.usp.br/sites/default/files/as_margens_do_ipiranga.pdf>. Acesso em: 2 dez. 2020.

MENESES, U. T. B. de. **O campo do patrimônio cultural: uma revisão de premissas.** In: FÓRUM NACIONAL DO PATRIMÔNIO CULTURAL – CONFERÊNCIA MAGNA, 1., 2009. Disponível em: <http://portal.iphan.gov.br/uploads/ckfinder/arquivos/4%20-%20MENESES.pdf>. Acesso em: 2 dez. 2020.

MURRAY, R. M.; CAULIER-GRICE, J.; MULGAN, G. **The Open Book of Social Innovation.** London: The Young Foundation, 2010.

NCPH – National Council on Public History. **About the field.** Disponível em: <https://ncph.org/what-is-public-history/about-the-field/>. Acesso em: 2 dez. 2020.

NECCULT – Núcleo de Estudos em Economia Criativa e da Cultura. **A produção audiovisual e o panorama da descentralização para o Centro-Oeste, Norte e Nordeste.** 18 ago. 2017. Disponível em: <http://www.ufrgs.br/obec/neccult/noticia.php?id=118&titulo=A%20produ%C3%A7%C3%A3o%20audiovisual%20e%20o%20panorama%20da%20descentraliza%C3%A7%C3%A3o%20para%20o%20Centro-Oeste,%20Norte%20e%20Nordeste>. Acesso em: 2 dez. 2020.

NOVICK, P. **That Noble Dream:** the "Objectivity Question" and the American Historical Profession. Cambridge: Cambridge University Press, 1988.

PMI – Project Management Institute. **A Guide to the Project Management Body of Knowledge – PMBOK® Guide:** 2000 Edition. Pennsylvania, 2000.

PNEM – Política Nacional de Educação Museal. **Princípios.** Disponível em: <https://pnem.museus.gov.br/principios>. Acesso em: 2 dez. 2020.

RAMOS, I. C. A.; SILVEIRA, L. C. L. Fontes e condições de financiamento de projetos sociais. In: GIEHL, P. R. et al. **Elaboração de projetos sociais.** Curitiba: InterSaberes, 2015.

RUDIO, F. V. **Introdução ao projeto de pesquisa.** Petrópolis: Vozes, 1986.

SAMARA, E. de M; TUPY, I. S. S. T. **História & documento e metodologia de pesquisa.** São Paulo: Autêntica, 2007.

SCHOEN, R. **Analytical Family Demography.** Springer: University Park, PA, 2019.

SILVA, R. J. da. **Autor em cena:** as memórias de Carlos Drummond de Andrade pelo cinema documentário. Projeto apresentado ao departamento de História da Universidade de São Paulo. São Paulo, 2015. 6 p.

STEPHANOU, L.; MÜLLER, L. H.; CARVALHO, I. C. de M. **Guia para elaboração de projetos sociais.** São Leopoldo: Sinodal; Porto Alegre: Fundação Luterana de Diaconia, 2003.

VASCONCELOS, J. A. **Fundamentos epistemológicos da história.** Curitiba: IBPEX, 2009.

VELHO, S. **Universidade-empresa**: desvelando mitos. Campinas: Autores Associados, 1996.

VERGUEIRO, J. P. **O que é captação de recursos?** 2 fev. 2016. Disponível em: <https://captadores.org.br/captacao-de-recursos/>. Acesso em: 2 dez. 2020.

Bibliografia comentada

HOBSBAWM, E. **Sobre história**. São Paulo: Companhia das Letras, 2013.

Coletânea de ensaios publicados ao longo de décadas, pelo eminente historiador britânico, sobre a prática e a teoria da disciplina histórica, a partir de uma perspectiva marxista. Entre os vários ensaios, o autor revisita temas clássicos (como o uso das fontes e o papel do historiador) e aponta novos caminhos para o conhecimento histórico.

IBRAM – Instituto Brasileiro de Museus; OEI – Organização dos Estados Ibero-americanos para a Educação, a Ciência e a Cultura. **Pontos de memória**: metodologia e práticas em museologia social. Brasília: Phábrica, 2016. Disponível em: <https://www.museus.gov.br/wp-content/uploads/2019/06/Pontos-de-Memoria-Portugues-1.pdf>. Acesso em: 2 dez. 2020.

Essa obra apresenta o processo de implantação dos Pontos de Memória, uma iniciativa do governo federal, por meio da Política Nacional de Museus voltada para o desenvolvimento da Museologia Comunitária, cujo foco é fortalecer a função social e política dos museus como espaços de construção da cidadania.

IBRAM – Instituto Brasileiro de Museus. **Educação museal:** experiências e narrativas. Brasília, 2012. 3 v.

Coletânea sobre as iniciativas de práticas educacionais em museus selecionadas pelo Prêmio Darcy Ribeiro entre 2009 e 2011. Cada volume apresenta uma síntese dos projetos contemplados, entre os quais estão movimentos e práticas educativas de grandes museus, como o Instituto Inhotim e o Museu Paraense Emilio Goeldi, e de organizações culturais de resistência, como o Instituto Tamoio dos Povos Originários e o Centro de Memória Chico Mendes.

CAMARGO, A. M.; GOULART, S. **Centros de memória:** uma proposta de definição. São Paulo: Edições SESC, 2015.

As autoras, especialistas reconhecidas no campo da arquivística, examinam diversas experiências de centros de memória, ligados a diferentes organizações, como clubes esportivos, universidades, igrejas etc. O livro apresenta não apenas um diagnóstico de casos existentes, mas também propõe um caminho para que os centros de memória se tornem instrumentos de construção da identificação institucional, fortalecendo o sentido de pertencimento a essas organizações.

BLANCO, P. S.; SIQUEIRA, M. N. de; VIEIRA, T. de O. (Org.). **Ampliando a discussão em torno de documentos audiovisuais, iconográficos, sonoros e musicais**. Salvador: Edufba, 2016.

Esse livro reúne diversas reflexões de vários autores sobre arquivologia, preservação e catalogação de documentos não escritos (audiovisuais, iconográficos e sonoros) como parte fundamental do acervo histórico do país. Apresenta, também, resultados importantes de pesquisas acadêmicas sobre diversos arquivos especializados nesse tipo de documentação.

CHEVITARESE, A. L.; GOMES, F. (Org.). **Dos artefatos e das margens**: ensaios da história social e cultura material no Rio de Janeiro. São Paulo: 7 Letras, 2018.

Coletânea de artigos de diversos autores sobre pesquisas arqueológicas e históricas na cidade do Rio de Janeiro, abordando temas relacionados à cultura material desde os tempos da escravidão.

CONSALTER, M. A. S. **Elaboração de projetos**: da introdução à conclusão. Curitiba: InterSaberes, 2012.

Livro introdutório de metodologia de projetos voltados a executivos e gerentes. Exatamente por ser uma obra pensada para a área de administração de empresas, ela traz uma abordagem e um vocabulário que os historiadores muitas vezes desconhecem, mas que são úteis na administração da carreira e na execução de projetos.

GIEHL, P. R. et al. **Elaboração de projetos sociais**. Curitiba: InterSaberes, 2015.

O conteúdo desse livro é voltado a estudantes de Sociologia, mas se as propostas forem transpostas para projetos de história, a obra oferece um amplo conjunto de informações sobre estruturação de projetos e captação de recursos, além de conceitos fundamentais no campo de metodologia de projetos.

Respostas

Capítulo 1

Atividades de autoavaliação
1. a
2. b
3. d
4. a
5. e
6. e

Atividades de aprendizagem
1. As ações podem ser as seguintes:
   I) Desenvolvimento do estudo, da pesquisa e da divulgação do conhecimento histórico. Essa é a atividade mais fundamental do historiador, e como a ANPUH é uma associação de história, é de se esperar que seus membros se dediquem a ela.
   II) Promoção da defesa das fontes e manifestações culturais de interesse dos estudos históricos. A ANPUH posiciona-se

politicamente, emitindo notas e moções, tanto contra ações que impactam negativamente a atividade do historiador (bloqueio de arquivos, por exemplo) quanto com relação a ações positivas, como o apoio ao processo de regulamentação da profissão de historiador.

III) Promoção da defesa do livre exercício das atividades dos profissionais de história. A ANPUH posiciona-se quando ocorrem situações de censura, tanto com relação à pesquisa quanto ao ensino.

IV) Representação da comunidade dos profissionais de história perante instâncias administrativas, legislativas, órgãos financiadores e planejadores, entidades científicas ou acadêmicas. Como a ANPUH é a maior e mais importante associação de historiadores do Brasil, seus pronunciamentos são interpretados como sendo da categoria como um todo.

V) Promoção do intercâmbio de ideias entre seus associados, por meio de reuniões periódicas e publicações. Como toda associação, a ANPUH promove reuniões abertas a todos os membros, além de manter boletins e revistas.

VI) Editar e publicar a *Revista Brasileira de História* e a *Revista História Hoje*. A ANPUH dedica-se tanto a publicações de caráter acadêmico quanto de divulgação geral. Como é a mais importante associação, são publicações que têm bastante procura e dão prestígio aos autores de artigos.

VII) Realização de simpósio nacional, encontros estaduais, fóruns, grupos de trabalho e outras atividades similares. A cada dois anos, a ANPUH promove um encontro nacional, e nos anos intermediários são realizados encontros estaduais. Nesses encontros, os pesquisadores apresentam suas pesquisas e tomam contato com pesquisadores com interesses afins. Além disso, têm contato em primeira mão com colegas que vivem em outras cidades e podem debater questões relativas à profissão, percebendo tendências regionais e nacionais.

VIII) Obtenção e gestão de recursos, verbas e fundos públicos ou privados, nacionais e estrangeiros. A associação sobrevive primariamente das mensalidades de seus membros, mas também desenvolve atividades variadas de captação de recursos.

IX) Desenvolvimento de atividades de pesquisa, treinamento, formação, consultoria e projetos, que sustentem iniciativas privadas ou governamentais. Como essas atividades definem a profissão, a ANPUH procura promovê-las.
Na interação entre os membros, também é oportuna a realização de cursos de capacitação.

X) Execução direta de projetos, programas ou planos de ações, doação de recursos físicos, humanos e financeiros, prestação de serviços finais, intermediários ou de apoio a outras instituições ou ao Poder Público. A ANPUH não só promove as atividades profissionais de seus membros, mas também ela própria, como entidade, atua na execução de projetos de história.
A realização de projetos de pesquisa, de prestação de serviços ou de criação de produtos pode ser proposta por pessoa física ou jurídica. Nesse último caso, pode ser uma empresa, uma fundação ou uma associação profissional, como a ANPUH. Já que essa associação conta com infraestrutura pronta, muitas vezes é melhor para seus membros desenvolverem projetos a partir dela do que isoladamente.

Capítulo 2
Atividades de autoavaliação
1. c
2. b
3. e
4. a
5. e

Atividades de aprendizagem

Questões para reflexão
1. O arquivo é um local onde se guardam documentos que podem ser consultados sob demanda, mas não ficam em exposição. Já o museu apresenta exposições públicas de artefatos significativos, não necessariamente documentos. Em ambos, as atividades de organização e restauro são essenciais.
2. Os museus costumam promover visitas guiadas, e no caso dos museus históricos, o mais indicado é que o guia seja historiador. Além disso, a exposição deve ser apresentada de forma didática, e o historiador deve ser competente também nesse quesito.
3. Para que um objeto seja reconhecido como patrimônio, é necessário que seja significativo para a comunidade e que seja transmitido de geração em geração. Munido do método histórico, o historiador é competente para avaliar esses dois aspectos.

Capítulo 3
Atividades de autoavaliação
1. d
2. b
3. d
4. c
5. a

Atividades de aprendizagem

Questões para reflexão
1. Historiadores são comumente requisitados como consultores em órgãos do governo, museus, arquivos, laboratórios de pesquisa, publicações de vários tipos, além de produções audiovisuais. Na maioria das vezes, porém, trata-se de pesquisas ou serviços por encomenda, para sanar dúvidas pontuais. Esse tipo de atividade tende a ser temporário.
2. Os historiadores em geral podem atuar em publicações acadêmicas, obras de caráter geral ou na área de livros didáticos. Para editar um livro didático de História, uma obra acadêmica escrita por um historiador ou livros de história em geral, o mais recomendado é contratar um profissional com formação em História.
3. O audiovisual sempre constituiu um material de apoio importante na sala de aula, desde documentários especificamente para esse fim até produções cinematográficas e séries de televisões com referencial histórico. Contudo, nos últimos anos o MEC tem exigido que as editoras apresentem material audiovisual para acompanhar as coleções didáticas, aumentando a demanda nessa área.

Capítulo 4

Atividades de autoavaliação

1. e
2. b
3. d
4. a
5. b

Atividades de aprendizagem

Questões de reflexão

1. Possíveis respostas: título com conteúdo vago; resumo em projeto curto; falta de clareza ou objetividade na delimitação do tema; confusão ente justificativa e objetivos; balanço bibliográfico insuficiente ou excessivo e desacompanhado de reflexão crítica; obviedade na problemática; indefinição nos objetivos; confusão entre fontes e bibliografia; confusão entre teoria e metodologia; cronograma irrealista; bibliografia fora das normas da ABNT.
2. Em ambos os projetos, é necessário ter lógica e clareza, além de itens em comum, como delimitação do tema, justificativa, objetivos, metodologia e cronograma.
3. Porque as fontes são a matéria-prima na produção do conhecimento histórico e no método histórico. Mais do que nas demais áreas, é preciso explicar com quais tipos de fontes o historiador trabalhará, pois isso terá impacto na metodologia e no referencial teórico.

Capítulo 5
Atividades de autoavaliação
1. a
2. d
3. c
4. a
5. d

Atividades de aprendizagem

Questões para reflexão
1. A pós-graduação *lato sensu* abrange os cursos de aperfeiçoamento e especialização, que emitem certificados e têm tramitação burocrática mais simples. Já a pós-graduação *stricto sensu* abrange os cursos de mestrado e doutorado, que emitem diplomas e demandam uma burocracia complexa para seu credenciamento junto ao MEC.
2. O financiamento público é necessário para o desenvolvimento de pesquisa básica, que não tem retorno financeiro imediato, mas que serve de fundamento à pesquisa aplicada. Além disso, é importante como estratégia de autonomia científica e tecnológica da nação. O financiamento público é feito na forma de bolsas de estudos, apoio a projetos e custeio de despesas.
3. As três agências têm linhas de financiamento dedicadas à pesquisa. A Capes e o CNPq, de um lado, visam ao público acadêmico e à pesquisa básica, ao passo que a Finep visa ao empresariado e ao aprimoramento da inovação. A Capes enfatiza a formação de pessoal de nível superior, o CNPq, os institutos de pesquisa em geral, e a FINEP, a iniciativa privada.

Capítulo 6
Atividades de autoavaliação
1. a
2. b
3. e
4. c
5. a

Atividades de aprendizagem

Questões para reflexão
1.
   a) Para a autora, a história pública tem sido bem recebida por historiadores acadêmicos que desejam realizar ou já realizavam produção histórica voltada a um público mais amplo – do leitor médio –, mas ela sentia falta de uma organização dos profissionais nesse sentido.
   b) Resposta pessoal. Esperamos que você opte pela negativa, isto é, que a história pública não é meramente um novo nome para aquilo que nós já estávamos fazendo, mas que tem, sim, muito a ver com o que os historiadores sempre fizeram fora da academia. Em outras palavras, o conceito implica a renovação do que já vinha sendo feito e traz novas possibilidades.

Sobre os autores

José Antonio Vasconcelos tem graduação em Filosofia pela Pontifícia Universidade Católica do Paraná (PUCPR – 1986), especialização em História e Cidade pela Universidade Federal do Paraná (UFPR – 1993), especialização em Filosofia Política Moderna pela UFPR (1995), mestrado em História pela UFPR (1996), doutorado em História pela Universidade Estadual de Campinas (Unicamp – 2001) e pós-doutorado em História pela University of Virginia (2006). Atualmente, é professor do curso do Departamento de História da Universidade de São Paulo (USP). Entre suas principais obras publicadas, destacam-se: *Quem tem medo de teoria? A ameaça do pós-modernismo na historiografia americana*, pela Editora AnnaBlume; *Reflexões: filosofia e cotidiano*, pela Editora SM, além de diversos títulos pela Editora InterSaberes: *Fundamentos filosóficos da educação*; *Metodologia do ensino de História*; *Fundamentos epistemológicos da História* e *Didática e avaliação no ensino de História*, esta última em coautoria com Cláudia Silveira.

Maurício Cardoso é formado em História pela USP (1996), mestre em História Social pela USP (2002), em que estudou as relações entre cinema e história a partir do filme *São Bernardo*, de Leon Hirszman, e concluiu em 2007 o doutorado sobre o cinema de Glauber Rocha, pela USP e pela Université Paris Nanterre. Atualmente, é professor no Departamento de História da USP, onde ministra disciplinas sobre ensino de História e linguagem cinematográfica e história da cultura. Realiza pesquisas sobre produção audiovisual brasileira, indústria cultural e história pública. Publicou, entre outros, os livros *Fátima Toledo: interpretar a vida, viver o cinema*, pela Liber Ars, e *Uma história dramática do cinema brasileiro*, também pela Liber Ars, além de artigos e capítulos de livros sobre cinema brasileiro e historiografia.

Os papéis utilizados neste livro, certificados por instituições ambientais competentes, são recicláveis, provenientes de fontes renováveis e, portanto, um meio **respons**ável e natural de informação e conhecimento.

FSC
www.fsc.org
MISTO
Papel produzido
a partir de
fontes responsáveis
FSC® C103535

Impressão: Reproset
Junho/2021